中华文化风采录

传统建筑艺术

绝美的宫苑

柳敏夏 编著

北方妇女儿童出版社
·长春·

图书在版编目(CIP)数据

绝美的宫苑 / 柳敏夏编著. —长春 : 北方妇女儿童出版社, 2017.1
（传统建筑艺术）
ISBN 978-7-5585-0650-5

Ⅰ. ①绝… Ⅱ. ①柳… Ⅲ. ①宫苑—介绍—中国 Ⅳ. ①K928.73

中国版本图书馆CIP数据核字(2016)第306352号

绝美的宫苑
JUE MEI DE GONG YUAN

出版人　刘　刚
策　划　书　韬
责任编辑　吴　桐　于佳佳
开　本　700mm×1000mm　1/16
印　张　6
字　数　48千字
印　刷　北京荣华世纪印刷有限公司
版　次　2017年4月第1版
印　次　2017年4月第1次印刷

出　版　北方妇女儿童出版社
发　行　北方妇女儿童出版社
地　址　长春市人民大街4646号
　　　　邮　编：130021
电　话　总编办：0431-85644803
　　　　发行科：0431-85640624

定　价　19.80元

习近平总书记说："提高国家文化软实力，要努力展示中华文化独特魅力。在5000多年文明发展进程中，中华民族创造了博大精深的灿烂文化，要使中华民族最基本的文化基因与当代文化相适应，与现代社会相协调，以人们喜闻乐见、具有广泛参与性的方式推广开来，把跨越时空、超越国度、富有永恒魅力、具有当代价值的文化精神弘扬起来，把继承传统优秀文化又弘扬时代精神、立足本国又面向世界的当代中国文化创新成果传播出去。"

为此，党和政府十分重视优秀的先进的文化建设，特别是随着经济的腾飞，提出了中国文化复兴的伟大号召。当然，要实现中华文化伟大复兴，首先要站在传统文化前沿，薪火相传，一脉相承，弘扬和发展五千多年来优秀的、光明的、先进的、科学的、文明的和自豪的文化，融合古今中外一切文化精华，构建具有中国特色的现代民族文化，向世界和未来展示中华民族具有独特魅力的文化风采。

中华文化就是居住在中国地域内的中华民族及其祖先所创造的、为中华民族世世代代所继承发展的、具有鲜明民族特色而内涵博大精深的传统优良文化，历史十分悠久，流传非常广泛，在世界上拥有巨大的影响，是世界上唯一绵延不绝而从没中断的古老文化，并始终充满了生机与活力。

浩浩历史长河，熊熊文明薪火，中华文化源远流长，滚滚黄河、滔滔长江是最直接的源头，这两大文化浪涛经过千百年冲刷洗礼和不断交流、融合以及沉淀，最终形成了求同存异、兼收并蓄的辉煌灿烂的中华文明。

中华文化曾是东方文化的摇篮，也是推动整个世界始终发展的动力。早在500年前，中华文化催生了欧洲文艺复兴运动和地理大发现。在200年前，中华文化推动了欧洲启蒙运动和现代思想。中国四大发明先后传到西方，对于促进西方工业社会发展和形成，曾起到了重要作用。中国文化最具博大性和包容性，所以世界各国都已经掀起中国文化热。

中华文化的力量，已经深深熔铸到我们的生命力、创造力和凝聚力中，是我们民族的基因。中华民族的精神，也已深深植根于绵延数千年的优秀文化传统之中，是我们的精神家园。但是，当我们为中华文化而自豪时，也要正视其在近代衰微的历史。相对于五千年的灿烂文化来说，这仅仅是短暂的低潮，是喷薄前的力量积聚。

中国文化博大精深，是中华各族人民5000多年来创造、传承下来的物质文明和精神文明的总和，其内容包罗万象，浩若星汉，具有很强的文化纵深感，蕴含丰富的宝藏。传承和弘扬优秀民族文化传统，保护民族文化遗产，已经受到社会各界重视。这不但对中华民族复兴大业具有深远意义，而且对人类文化多样性保护也是重要贡献。

特别是我国经过伟大的改革开放，已经开始崛起与复兴。但文化是立国之根，大国崛起最终体现在文化的繁荣发达上。特别是当今我国的大国和平崛起之路，必然也是我国文化实现伟大复兴的过程。随着中国文化的软实力增强，能够有力提升我们融入世界的步伐，推动我们为人类进步做出最大贡献。

为此，在有关部门和专家指导下，我们搜集整理了大量古今资料和最新研究成果，特别编撰了本套作品。主要包括传统建筑艺术、千秋圣殿奇观、历来古景风采、古老历史遗产、昔日瑰宝工艺、绝美自然风景、丰富民俗文化、美好生活品质、国粹书画魅力、浩翰经典宝库等，充分显示了中华民族厚重的文化底蕴和强大的民族凝聚力，具有极强的系统性、广博性和规模性。

本套作品全景展现，纵横捭阖，故事讲述，语言通俗，图文并茂，形象直观，古风古雅，格调温馨，具有很强的可读性、欣赏性和知识性，能够让广大读者全面触摸和感受中国文化的内涵与魅力，增强民族自尊心和文化自豪感，并能很好地继承和弘扬中国文化，创造未来中国特色的先进民族文化，引领中华民族走向伟大复兴，在未来世界的舞台上，在中华复兴的绚丽梦乡，展现出具有龙飞凤舞的独特魅力。

仙山琼阁——北海公园

万园之园——圆明园

皇家博物馆——颐和园

北海公园

北海公园位于北京市中心区，景山西侧，在故宫的西北面，与中海、南海合称三海，是我国古代的皇家园林。

这里早在辽、金、元时就已经开辟，明、清时辟为帝王御苑，是我国最古老、最完整、最具综合性和代表性的皇家园林，也是我国现存最悠久的皇家园林。

北海公园内亭台别致，游廊曲折。全园以神话中的“一池三仙山”为构思布局，形式独特，富有浓厚的幻想意境色彩。这里水面开阔，湖光塔影，苍松翠柏，花木芬芳，亭台楼阁，叠石岩洞，绚丽多姿，犹如仙境，素有“仙山琼阁”的美誉。

初建的辽金元时期

传说，浩瀚的东海上有三座仙山，分别叫作蓬莱、瀛洲和方丈，山上住着长生不老的神仙。秦始皇统一中国之后，曾派方士徐福前往东海寻找不死药，可是一无所获。

北海公园长廊

到了汉朝，汉武帝也做起了长生不老之梦，可寻找仍然没有结果，于是下令在长安北面挖了一个大水池，名“太液池”，池中堆起三座假山，分别以蓬莱、瀛洲、方丈三仙山命名。

自此以后，历代皇帝都喜欢仿效“一池三山”的“神仙形式”来建造皇家宫苑。似乎只有这样，自己才能像“神仙”一样长生不老。

发源于山西的桑干河在河北省

■北海公园牌坊

纳源与源自内蒙古高原的洋河流经官厅后称永定河，流经北京和天津之后进入海河，最终注入渤海。

永定河河道南迁之后，留下了一片原野和池塘，水中有岛名为“瑶屿”。地势像极了“一池三山”的模式，遂成为历代皇室看中的风水宝地。

公元938年，辽太宗耶律德光建都燕京后，就在城东北郊的白莲潭建立了“瑶屿行宫”，因开挖湖泊堆积泥土，日渐形成了水中岛屿，称为“圆砥”。

据《辽史》记载：

西城巅有凉殿，东北隅有燕角楼、坊市、观，盖不胜书。

《洪武北平图经》中记载“琼华岛辽时为瑶屿”，都可以证明“瑶屿行宫”的存在。

金国灭辽国后，改燕京为“中都”。金国海陵王完颜亮在1150年，也就是天德二年扩建了“瑶屿行

方士 尊崇神仙思想而推奉方术之士。《史记·秦始皇本纪》：“方士欲炼以求奇药。”方士的出现不晚于周，至秦汉大盛，并逐渐形成了专门的方士集团，即所谓方仙道或神仙家。又以所主方术不同而有行气吐纳、服食仙药、祠灶炼金、召神劾鬼等不同派别。神仙思想及其方术，成为后世道教的核心内容与精神支柱。

■北海公园琼华岛

宫”，增建了“瑶光殿”。

1163年至1179年间，金世宗完颜雍仿照北宋汴梁的艮岳园建造了琼华岛，并从“艮岳”御苑运来大量的太湖石砌成假山岩洞，在中都的东北郊以瑶屿为中心，修建了大宁离宫。

又将挖湖的泥土用以扩充琼华岛和圆坻，在琼华岛上建造广寒殿的同时，在圆坻上也建起了一座殿宇，和广寒殿遥遥相对。从这个时候开始，以瑶屿为中心的一片区域就逐渐形成了皇家宫苑的格局。

当时，把挖“金海”的土扩充成岛屿和环海的小山，岛称“琼华岛”，水称“西华潭”，并重修了“广寒殿”等建筑。

1260年，忽必烈在开平即位，做了蒙古汗国的第五任“大汗”。由于向南夺取南宋江山的需要及向北控制蒙古各部的方便，忽必烈接受亲信霸突鲁和刘秉

汴梁 即开封市，地处中华民族历史发源地、我国文化摇篮的黄河南岸，是一座历史文化悠久的古城。是北宋时的国都，简称汴，汴梁是开封在元明两宋时代的称呼。在漫长的历史长河中，开封素以物华天宝、人杰地灵而著称，其政治、经济、文化的发展，不但对中原地区而且对全国曾产生过巨大的影响。

忠的建议，决定在原金中都之地建都。

因金中都已于1215年被蒙古军队彻底摧毁，忽必烈采纳太保刘秉忠的规划，选择以金中都东北郊外的大宁宫为中心建立新都。新都建成之前，忽必烈经常住在大宁宫。

在建设元大都期间，曾在永安寺遗址中残存的“释迦舍利之塔”塔基下，发掘出一座石函，石函中有一小铁塔，铁塔中有一铜瓶，瓶中存有释迦牟尼佛舍利20粒。

更为奇特的是，瓶底还有一枚铜钱，钱上铸有“至元通宝”4个字。忽必烈闻知后大为高兴，因为他的年号就是“至元”，而100多年前埋入塔基的铜钱居然已有“至元”的年号，这岂非天意昭示，他这个“至元皇帝”确系真命天子吗？

加之忽必烈制定的国策是“以儒治国，以佛治

年号 我国古代独创发明的产物，源于周朝的召穆公和周定公共同执政的共和时代，但其后的周天王们没有延续这一制度。直到西汉武帝刘彻即位，中国开始启用年号制度。除了用于纪年以外，另外还表示祈福、歌颂和改朝换代。年号发起于新皇登基，为了区别上一任皇帝，新皇帝根据自己的思想，起一个新的年号，是我国皇帝的专有产物，也是我国历史中的精神文化遗产。

北海公园亭榭

■ 北海公园琼华岛白塔

八思巴（1239年～1280年），藏传佛教喇萨迦派第五代祖师，吐蕃萨斯迦人。本名罗古罗思监藏，八思巴是尊称。1209年，忽必烈从受佛戒。1260年，忽必烈即位，尊八思巴为国师，统天下佛教徒。1264年，使领总制院事，统辖藏区事务。1270年，制成蒙古新字，加号大宝法王。1277年还至萨斯迦。

心”，佛教圣物佛舍利的出现，更有利于推行“以佛治心”的国策。

另外，忽必烈自己也是佛教信徒，他尊奉藏传佛教高僧八思巴为“帝师”，接受过八思巴举行的“金刚灌顶”仪式，他希望借助佛的法力保佑江山永固，当然也是在借尊崇佛来吸引西藏对朝廷的归顺。

为了供奉佛教圣物佛舍利，保佑大元江山永固，1271年忽必烈下令建一座巨大的佛塔。在元初留下的《圣旨特建释迦舍利灵通之塔碑文》中明确指出：

恒虑新都既建，宜卜永年，以福为基，莫如起塔，冀神龙之扶护，资社稷之久长。

因为忽必烈以藏传佛教为国教，所以他选择了帝师八思巴推荐的精通藏式佛塔的尼泊尔工匠阿尼哥来负责永安寺白塔的设计和督建。

“塔”是古印度梵语“浮屠”的译音字。佛舍利是释迦牟尼遗体火化后凝结成的小颗粒。造塔供奉佛舍利是古印度信徒盛行的做法。藏式佛塔的样式来源于古印度。

阿尼哥设计建造的藏式佛塔白塔，塔身主体像一个倒置的钵盂，所以又叫“覆钵式塔”。塔身下部有一圈由24个巨大花瓣组成的莲花座，和塔座相连。塔身上部，有一座下粗上细的呈圆锥状的“长脖子”，叫相轮，因相轮有13道圆环，也叫“十三天”。

“十三天”是塔的等级标志，说明这是供奉佛舍利的佛塔，而不是一般的塔。白塔顶部为鎏金火焰宝珠塔刹，上有铜制的“日”“月”“火焰”，宝顶下是铜铸的华盖，其边缘悬挂14个铜钟，华盖表示对佛的尊崇。

华盖直径9.7米，华盖周边悬挂着36片铜质透雕花纹的华幔，每片华幔下悬挂一个铜质的风铃。华盖之上是一座高约5米，重约4吨的铜质空心鎏金的宝顶，形状像个小塔，是全塔的最高点。整座佛塔高50.9米，砖石结构，通体洁白。塔身上还刻有许多佛像。

当藏式佛塔的样式固定后，其形制便有了特定的含义。塔基为方，象征“地”；

舍利 原指佛教祖师释迦牟尼佛圆寂火化后留下的遗骨和珠状宝石样生成物。舍利子译成中文叫灵骨、身骨、遗身。它的形状千变万化，有圆形、椭圆形，有的呈莲花形，有的呈佛或菩萨状；它的颜色有白、黑、绿、红的，也有其他颜色；有的像珍珠、有的像玛瑙、水晶；有的像钻石一般。

北海善因殿

■ 白塔秋景

塔身圆，象征“水”；塔刹下大上小呈三角，象征“火”；华盖伞形，象征“风”。此四者为佛教认为的构成世界的基本元素。

藏式佛塔通体银白，表示清洁、纯净和心诚。按照藏传佛教仪轨，塔建成后，还要在塔身、塔基内装入大量佛教法物、珍宝，工程才算圆满，塔才产生“灵性”。

忽必烈（1215年～1294年），蒙古族，元朝的创建者。孛儿只斤·忽必烈建立了幅员辽阔的、统一的多民族国家元朝。他在位期间，建立行省制，加强中央集权，使得社会经济逐渐恢复和发展，是蒙古族卓越的政治家、军事家。谥号圣德神功文武皇帝，庙号世祖。

1264年，元世祖忽必烈决定在旧中都城的东北郊选择新址，营建大都。从1264年至1271年，忽必烈曾三次扩建琼华岛，并重建了广寒殿。

重建之后的广寒殿东西宽40米，深20多米，高16米，殿广7间，是帝王朝会的场所。殿中放置“渎山大玉海”，并建“玉殿”放“五山珍玉榻”。

渎山大玉海是元代的一种玉器，又名玉瓮和玉钵。器体呈椭圆形，高0.7米，口径在1.3米和1.8米之间，约重3500千克。渎山大玉海的玉料产自南阳，颜色为青灰夹生黑斑色。玉海外壁雕饰着凸起的汹涌波涛和游弋沉浮的龙、马、猿、鹿、犀、螺等不同动物和海兽，1265年完工之后，奉元世祖忽必烈之命安置在元大都琼华岛的广寒殿中。

后来，渎山大玉海一度被移置在紫禁城西华门外的真武庙内。到了1745年，乾隆帝命人将渎山大玉海迁于后来建造的承光殿前，下配石座，并建亭保护。

同时，忽必烈还建造了一座玉制的假山，殿顶悬挂着玉制的响铁，殿内另有两个小石笋各有龙头，喷吐着从山后用水车提上来的湖水。由此可见，元朝时期的广寒殿宏伟浩大，构思巧妙，奢华无比。

1271年，琼华岛改称“万寿山”，瑶屿改称“北海”。后来，又以万寿山为中心，在湖的东西两岸营建宫殿，将北海建成一个颇有气派的皇家御园。

1368年，明太祖朱元璋定都南京。就在这一年，大将徐达进占大都，大都改称“北平”。朱元璋死后，燕王朱棣取得帝位，将都城从南京迁到北平，改名为“北京”。

■北海公园承光殿

明朝在元朝的基础上，对北海又加以扩充和修葺，但都基本上保持了元代北海的格局。

1417年，明成祖朱棣重修仪天殿，先后更名为承光殿、乾光殿，以供帝后大臣观灯火之用。东部被填为陆地，西侧建起了金鳌玉蝀大石桥，环岛也砌起了城墙。在古汉语中，园属虚心，团为实心，“圆城”便改称为团城。

到了明代宣德年间，明宣宗朱瞻基对“万岁山”进行了大规模的扩建和修缮，在团城修复了仪天殿，在团城南面的小岛上建起了犀山抬圆殿，并在团城的东部拆桥填土，将其与陆地相连。

历代皇帝都喜欢把自己居住的地方建成蓬莱仙境的玉宇琼楼，“一池三山”的格局便成了构筑北海的蓝图：北海便是“太液池”，琼岛是“蓬莱”，团城就是“瀛洲”，所以仪大殿也叫“瀛洲圆殿”。

阅读链接

相传徐福曾上书说海上有蓬莱、方丈和瀛洲三座仙山，山中有神仙居住。于是秦始皇就派他率领童男童女上千人以及已经预备的3年粮食、衣履、药品和耕具入海求仙，耗资巨大。

但徐福率众出海数年，并未找到神山，徐福还在当地的“崂山”留下后代，后代改姓崂或劳。

公元前210年，秦始皇东巡至琅琊，徐福推托说出海后碰到巨大的鲛鱼阻碍，无法远航，要求增派射手对付鲛鱼。

秦始皇应允，派遣射手射杀了一头大鱼。后徐福再度率众出海，来到“平原广泽”，他感到当地气候温暖、风光明媚、人民友善，便停下来自立为王，教当地人农耕、捕鱼、捕鲸和沥纸的方法，此后再也没有返回秦国。

建北海九龙壁和园中之园

1747年，在北海公园琼岛西北侧的湖畔建造了阅古楼。楼呈半圆形，玲珑俊雅。“阅古楼”三字为乾隆帝亲笔手书。

楼内墙壁上，镶嵌着我国著名的《三希堂法帖》等石刻495方，共

北海公园阅古楼

北海公园倚晴楼

收集了我国从魏晋至明末135位著名书法家的340件楷书、行书和草书等作品，总计10万字左右。

这些书法和刻法极其精美，被称为“双绝”。这是一座集我国历代著名书法之大成的杰出建筑，在我国文化艺术史上占有非常重要的地位。

铜仙承露盘位于琼岛的北山腰处，铜仙双手托盘，面北立于蟠龙石柱上。

据说，此铜盘可承接甘露，为帝后拌药，目的在于延年益寿。仙承露盘也叫作仙人承露盘，它的来历可谓是大有名堂，也有着许许多多的故事，这首先要从汉代说起。

传说，汉代人相信神仙可以降露人间，饮服神露，能使人长生不老。对于这种说法，有一个人坚信不疑，他就是汉武帝刘彻。

为了神仙降露，汉武帝下令在长安建章宫内建造

行书 在楷书的基础上发展起来的，介于楷书和草书之间的一种字体，是为了弥补楷书的书写速度太慢和草书的难于辨认而产生的。“行”是“行走”的意思，因此它不像草书那样潦草，也不像楷书那样端正。实质上它是楷书的草化或草书的楷化。楷法多于草法的叫“行楷”，草法多于楷法的叫“行草”。

神明台，高约67米，上面再铸造铜仙人双手捧铜盘，以此来求得仙露。

其实承露盘中承接的仙露，不过是早晚由于温差凝结在盘中的水蒸气。汉武帝就把这些凝结的水珠，当成了长生不老的仙露，将承接下来的露水交由术士锤炼。

后来人们在修建北海公园景观的时候，就把这样一个充满传奇色彩的景观设立在琼岛之上，让帝王们也能感受一下神仙的日子。

扇面亭位于琼岛北坡，坐南朝北。相传晋代文学家袁宏得官上任前，朋友送他一把折扇，并说："愿君多施仁政，扬仁义之风。"这座小亭就是根据这个故事修建的，正面墙凹进恰似汉字"风"的"几"偏旁，整体观亭，又似一把折扇，建筑之精巧，令人啧啧称奇。

倚晴楼建在砖石台阶上，高台中间有券洞门可通，上层周围有砖砌垛口，此楼与长廊西端的分凉阁遥遥相对。两楼之间是一组半圆形的双层临水游廊，延楼回廊外环绕着长达300米的汉白玉护栏，漫步廊间，随着脚步的移动，北海、琼华岛的不同画面层出不穷地映入眼帘，风景非常宜人。

汉武帝（前156年～前87年），刘彻，西汉的第七位皇帝，杰出的政治家、战略家和诗人。16岁登基。为巩固皇权，汉武帝建立了中朝，在地方设置刺史。开创察举制选拔人才。结束先秦以来"师异道，人异论，百家殊方"的局面，汉武盛世是我国历史上的三大盛世之一。

北海铜仙承露台

仰望北海公园善因殿

假山洞位于琼岛北侧山腰。这里怪石嶙峋，崖险沟深，山洞众多。假山洞虽由人工叠砌，却有着天然之美感。这些假山、石洞和琼楼玉宇，是按照蓬莱仙境中仙山洞府传说中的样子建造起来的，路曲洞幽，如同迷宫一般让人心驰神往。

在北海白塔和寺院建成整整100年后，于1751年在白塔前建起了小巧别致的善因殿，那是乾隆皇帝为庆贺皇太后钮祜禄式60大寿的系列工程之一。

善因殿的面积虽小但色彩斑斓，精细华美，每面宽4.4米，背倚硕大雄浑的白塔，华丽精巧的善因殿建在由汉白玉栏杆所环绕的赭红色高台上。

由黄色琉璃砖覆盖的八根大柱撑起双层殿顶，上层檐圆亭式屋面和宝顶均为青、紫铜制作而成，表面鎏金，下层檐是绿琉璃瓦黄剪边的方顶。

其殿顶为上圆下方的双重檐，象征“天圆地方”。东西北三面殿墙无门无窗，殿门南开，有4扇

剪边 在我国古代部分建筑中，其屋面近檐处往往会有与上部不一样的色彩，比如屋面大部分是绿色，屋檐处却是一道横的黄色带，这样的色彩就称作“剪边”。它是由于屋面使用了不同颜色的铺瓦而产生的效果，丰富了屋面的色彩。

做工十分精细的青铜隔扇门，与颐和园铜亭的门扇有异曲同工之效。蓝色琉璃的殿外墙上，镶嵌着455尊身着酱赭色袈裟的白伞盖绿度母坐像，华美而庄重。

殿内供奉铜质鎏金大威德金刚神像，金刚有9个头、36只眼，36只手，18只脚，俗称千手千眼佛。旧时传说塔下有一口海眼，只有佛身才能镇压，故又名“镇海佛”。

有人称大威德金刚是北海乃至北京城的“守护神”。大威德金刚是格鲁派密宗所修本尊之一，因其能降服恶魔，故称大威，又有护善之功，又称大德。

梵名“阎魔德迦”，藏语为“多吉久谢”，意为“怖畏金刚”，汉译大威德明王。也叫阎曼德迦、怖畏金刚、牛头明王。

殿前铺有72级青砖，台阶陡直而下，象征人世间

天圆地方 我国传统文化提倡“天人合一”，讲究效法自然，风水术中推崇的“天圆地方”原则，就是对这种宇宙观的一种特殊注解。圆是我国道家通变、趋时的学问，方是我国儒家人格修养的理想境界。圆方互容，儒道互补，构成了我国传统文化的主体精神。

北海牌楼

北海环湖长廊

各种业障的七十二地煞，被当成台阶让善男信女们踩踏。它们虽被大威德以无比威猛之力所摧破，但离“九九归一，终成正果”的升华尚有距离。

因72是极阳之数九的八倍，尚不足九九八十一，仍需继续努力修行，“一四七，三六九，一步一步往前走”，在我们的传统文化中，常用简单的数字帮助有缘人领悟复杂的道理，这72级台阶就有鼓励人们努力前进的寓意。

殿后为重檐八角的七佛塔亭，亭内有八角石塔一座，上刻七世佛图和乾隆御书《七佛塔碑记》。亭后是一座高大华美的琉璃阁，周身布满佛像。

院内四周有71间回廊环绕，上覆绿琉璃瓦剪边，四角各有重檐四角方亭一座。整组建筑金碧辉煌，略显繁密，是典型的乾隆所喜好的风格。

此处在1755年，曾建有一座琉璃塔，也是清代皇

乾隆（1711年～1799年），爱新觉罗·弘历的年号，弘历是清朝第六位皇帝，定都北京后第四位皇帝。乾隆寓意“天道昌隆”。他25岁登基，在位60年。为发展清朝康乾盛世局面做出了重要贡献。庙号清高宗，谥号法天隆运至诚先觉体元立极敷文奋武钦明孝慈神圣纯皇帝。葬于清东陵之裕陵。

家园林琉璃塔中最神秘的北海琉璃塔。可惜的是，琉璃塔刚建成3年后就被焚毁，此后建成琉璃阁。琉璃阁为发券无梁殿结构，外墙面嵌砌着五彩琉璃佛像，光彩夺目，尤为壮观。

在我国，有3座著名的九龙壁，其中规模最大、历史最久的一座，在山西省大同市，建于明代洪武末年；最有特色的一座，就是北海公园的九龙壁；第三座，在故宫的宁寿门前。

北海九龙壁建于1756年，全部用彩色琉璃砖砌成，长25.5米，高5.6米，厚1.6米。

壁的两面各饰有9条蟠龙，戏珠于波涛云雾之中，其造型之生动，色彩之艳丽，工艺之高超，为我国琉璃建筑中少见的珍贵作品。它是大西天经厂门前的影壁，建造这样一座影壁，据说是为了震慑火灾和辟除邪祟。

蟠龙 指我国民间传说中蛰伏在地而未升天之龙，龙的形状作盘曲环绕状。在我国古代建筑中，一般把盘绕在柱上的龙和装饰庄梁上、天花板上的龙均习惯地称为蟠龙。传说中，蟠龙是东海龙王的第十五个儿子，他时常偷跑到人间游玩，当他看见人间遭遇干旱，他便用法术帮助人们，从而得到人们的敬仰。

■北海善因殿琉璃墙

正脊 又叫大脊、平脊，位于屋顶前后两坡相交处，是屋顶最高处的水平屋脊，正脊两端有吻兽或望兽，中间可以有宝瓶等装饰物。庑殿顶、歇山顶、悬山顶、硬山顶均有正脊，卷棚顶、攒尖顶、盝顶没有正脊，十字脊顶则为两条正脊垂直相交，盝顶则由4条正脊围成一个平面。

九龙壁体魄巨大精美，壁上嵌有山石、海水、流云、日出和明月图案，底座为青白玉石台基，上有绿琉璃须弥座，座上的壁面，前后各有9条形态各异、飞腾在云雾波涛中的蛟龙浮雕。

这些龙体态矫健、龙爪雄劲、形象生动、栩栩如生。壁东面为江崖海水、旭日东升流云纹饰，西面为江崖海水、皓月当空流云图像。

壁顶为琉璃筒瓦大脊庑殿顶，大脊上饰黄琉璃流云飞龙纹。影壁用424块预制的七色琉璃砖砌筑而成，使其在整体上达到了色彩绚丽，古朴大方的境界，是清代琉璃结构建筑中的精品。

北海九龙壁除了壁前壁后各有9条醒目的戏珠蟠龙外，壁的正脊、垂脊和其他一些建筑构件等地方都有龙的踪迹。

北海公园静心斋景物

九龙壁顶呈“庑殿式”，有一条正脊，4条垂脊，正脊前后各有9条龙，垂脊左右各有一条龙，正脊两侧有两只吞脊兽，它的身上前后也各有一条龙，这样5条脊上就有30条龙。

往下每块瓦当下面镶嵌的琉璃砖上，也各有一条龙，壁四周共有筒瓦252块，陇垂251块，龙砖82块，加上跃于云雾之中的18条蛟龙，就有633条龙了。

在正脊两侧“吞兽脊”下，东、西还各有一块“圆饼形”的瓦当，上面也各有一条龙。这样算来，北海九龙壁上总共有635条龙。

北海九龙壁可谓是“龙之壁”，这上面的龙不仅颜色各异、形态不同，而且数量之多让人眼花缭乱，站在此壁前，你几乎分不清哪里是龙，哪里是墙壁，真有“龙在墙中，墙在龙中”的恍惚感觉。

画舫斋位于北海东岸，建于1757年，这是掩映在山林中的一处独立院落。前殿为“春雨淋塘”，院落中有水池，又叫作“水殿”。院落北部为正殿“画舫斋”。东西各有一处精巧别致的院落，东为“古

北海公园九龙壁

柯亭”，西为“小玲珑”。

古柯亭位于画舫斋东北隅，亭内有古槐一棵，相传为辽、金时代所植。此处环境幽雅清静，后来的光绪皇帝曾在这里读书。

整个画舫斋朱廊环绕，结构精巧，环境别致，形似停泊在北海湖边的一条大船，原引用欧阳修的《画舫斋记》而造其形，所以得名为画舫斋。乾隆曾坐冰床来此题词，“画舫斋”3字便是他的手迹。

静心斋原名镜清斋，因其前后临水，诗云“临池构屋如临镜”，故称镜清斋。镜清斋在北海北岸，临近天王殿。1757年建造，全园面积为4700平方米，园内水池横贯，假山连绵，3个区域，似分又合，浑然一体，是古典园林的精品，也是皇太子的书斋。

镜清斋以叠石为主景，周围配以各种建筑，亭榭

欧阳修（1007年～1072年），字永叔，号醉翁，晚号“六一居士”，因吉州原属庐陵郡，喜欢以“庐陵欧阳修”自居。谥号文忠，世称欧阳文忠公，他是北宋卓越的政治家、文学家和史学家，他与韩愈、柳宗元、王安石、苏洵、苏轼、苏辙、曾巩合称“唐宋八大家”。后人又将其与韩愈、柳宗元和苏轼合称为“千古文章四大家”。

楼阁、小桥流水、叠石岩洞、幽雅宁静、布局巧妙，体现了我国北方庭院园林艺术的精华，是一座建筑别致、风格独特的“园中之园”。

静心斋正门与琼华岛隔水相望，四周以短墙围绕，南面为透空花墙，使内外景色交融。碧鲜亭紧贴花墙外，起到点睛之妙。

斋内遍布太湖石山景，玲珑剔透，与隐现在翠竹花木中的亭、轩、桥相互辉映，景色幽雅，有“乾隆小花园”和“园中之园”之称。

该处主要建筑有静心斋、韵琴斋、抱素书屋、枕峦亭、叠翠楼及沁泉廊等。位于西北侧的叠翠楼为园内的最高建筑，楼高两层，登楼远眺，北海景色尽收眼底。

该园以山、池、桥、廊、亭、殿、阁的优美建筑布局取胜，是一座风光如画，妙趣无穷的小巧园林，为我国园林艺术中的杰作之一。

后来的1885年，慈禧太后曾挪用海军经费增修斋内的建筑，并设小火车站，铁轨由中南海经阳泽门沿西北岸直达静心斋的大门。

静心斋的北部是规模宏阔、堆叠巧妙的山石景观，其假山上石头的形态各异，精巧美观。整个山石景色，是仿中国山水画笔法叠石，这无异于用实物造就了一幅真实的水墨山水画。太湖石假山是北海公园风景的重要组成部分。

阅读链接

相传，汉武帝对长生之术非常痴迷，曾令徐福东渡寻求长生之术。方士将承露盘中承接的仙露和美玉的碎屑调和而成后，让汉武帝服下，并且告诉汉武帝这样就能长生不老了。汉武帝虽然在政治上非常有能力，但他还是相信这等无稽之谈。

公元前87年，服用多年神药的汉武帝，尽管一心想求得长生不老，但最终还是撒手人寰。虽然不能使汉武帝长生不老，但铜仙承露盘的设置却保存下来了。

北海内各时的应季活动

每当春回大地，万物复苏，皇家御苑北海公园内的琼岛春阴也开始“旧时王谢堂前燕，飞入寻常百姓家”了。

“琼岛春阴”是一年中最早呈现的胜景，而春天正是欣赏“琼岛春阴”的最佳时机。

北海公园琼岛远景

■ 北海公园内乾隆题“琼岛春阴”碑刻

琼华岛东的建筑并不多，但林木成荫，环境幽静。据史料记载，“琼岛春阴”早在金代金章宗完颜璟在明昌年间就曾命名，宋元以来，蜚声海内，最为当时文人雅客所爱，留下了许多不朽的诗篇。

早在明朝初期，“琼岛春阴”被称为“琼岛春云”。后来清朝乾隆皇帝春游琼华岛，看到岛上美丽的春景，不禁赋诗一首：

艮岳移来石发峨，千秋遗迹感怀多。
当春最是耕犁急，每较阴晴发浩歌。

后来他又把“琼岛春云”改为“琼岛春阴”。乾隆书“琼岛春阴”石碑，立于绿荫深处，为“燕京八景”之一。

金章宗（1168年～1208年），完颜璟，小字麻达葛，世宗完颜雍孙，完颜允恭子，世宗病死后继位。章宗统治前期，金朝国力强盛，后期由盛转衰。他在位19年，终年41岁，葬于道陵。

北海公园临水游廊

石碑为四方形，碑身四周刻缠枝纹饰，背有乾隆皇帝的御制诗，碑座四周有雕刻精美的汉白玉护栏。

北面山麓沿岸一排双层60间的临水游廊像一条彩带将整个琼岛拦腰束起，回廊、山峰和白塔倒映水中，真景倒影连成一片，让人不知哪里是真，哪里是假。东南面有石桥和岸边相连，与秀美的景山、故宫交相辉映，黛色岚光，构成一幅壮丽的画卷。

另外，据神话传说，琼华是琼树之花，生长在蓬莱仙岛上，人吃了可长生不老，此传说表示该岛是仿瑶池仙境建筑的。

清初，曾在这里的山顶设置信炮台，由八旗军驻守，居高临下，俯瞰全城，一旦有危机出现，便可立即发出警报信号。

每到阳春三月“琼岛春阴”郁郁葱葱，白塔、叠石、景亭参差错落，遥相呼应，连翘、碧桃、丁香次

故宫 旧称紫禁城。于1420年建成，是明、清两代的皇宫，汉族宫殿建筑之精华，无与伦比的古代建筑杰作，世界现存最大、最完整的木质结构的古建筑群。故宫全部建筑由“前朝”与“内廷”两部分组成，四周有城墙围绕。四面由筒子河环抱。城四角有角楼。四面各有一门，正南是午门，为故宫的正门。

第开放，五颜六色的山野花绽放欢颜，风景如画，令人陶醉。

此时的“琼岛春阴”正是春回大地、万物复苏的生动写照。春花烂漫的琼华岛春景已经成为一道人们非常喜爱的、独特的季节景观。

史书记载每年天子诸侯都要亲自耕作，后妃则要植桑养蚕，是为了表达对先农、先蚕神的崇敬之情。祭祀先蚕神成为皇后主持的国家祭祀大典。

到了湿热的夏季，北海种植大面积的荷花，北海种植荷花历史可追溯到元代，荷花品种繁多。金风送爽的秋季在北海可以赏菊，争相竞放的菊花，让人目不暇接。

进入寒冷的冬季，就进入了冬季的祈福活动。祈福在历史上由来已久，是遍及全国的风俗活动，主要形式为在新春来临之际鸣钟，以求幸福降临。在清代，皇室则将祈福盛典固定在北海阐福寺举行。

据史料记载，自1752年的清朝乾隆皇帝开始，每年的农历腊月初一至十五，清皇室都要在北海阐福寺举行盛大的祈福盛典，以求苍天赐福，国泰民安。

北海公园琼岛

■北海公园阐福寺

阐福寺位于北海公园的北岸，原是明代太素殿北面的一座行宫，是皇室成员避暑的地方。乾隆初年做过先蚕坛的蚕馆，1745年，其生母孝圣太后下令改为藏传佛教寺庙，赐名“阐福寺”。

寺内前院有天王殿，左右为钟鼓楼。中院有大佛殿，殿前有两座石碑，东面碑刻高宗弘历草书颂阐福寺大佛诗，西面碑刻满汉文阐福寺碑文。

大佛殿的形制仿河北正定隆兴寺大佛殿，殿内供奉一尊用金丝楠木雕刻而成的千手千眼佛。阐福寺后院为真实般若殿。

农历 我国长时期采用的一种传统历法，以朔望的周期来为定月，用置闰的办法使年的平均长度接近太阳回归年，因这种历法安排了二十四节气以指导农业生产活动，所以称为农历，又叫中历、夏历，俗称阴历。

据清皇室档案记载，每年农历腊月初一至十五，清皇室在北海御苑举行祈福盛典时，乾隆帝弘历还要亲自御驾阐福寺主持“书福”盛典。其内容包括祈福、书福、送福和迎福4个步骤。

农历腊月初一的清晨，乾隆帝御驾至阐福寺大佛殿拈香拜佛，为孝圣皇太后祝寿祈福，这叫“祈福”。然后至后殿，用“造福苍生”的大毛笔，在二尺见方的云龙大红朱笺纸上书写一个大大的“福”字，这叫“书福”。

并将这个“福”字保存在大殿内，叫作“留福”。寓意阐福寺内的大佛已经把福气降给普天下的百姓，称之为“第一大福”。

随后，乾隆帝出阐福寺至澄观堂，在室内书写第二个大“福”字，并将这个“福”字带回皇宫，镶裱在镜框内，悬挂在养心殿的墙上。

从这天起，乾隆帝每天到重华宫漱芳斋，在一张大红朱笺纸上反复书写“福”字，一直写到腊月二十五止。乾隆帝将这些“福”字赏给王公大臣，作为新年礼物，这叫“赐福”。

第二年正月初一的清晨，乾隆帝御驾至阐福寺大佛殿拈香拜佛后，到后殿取出上一年腊月初一写的那

腊月 每年的农历十二月为“腊月”，古时候也称“蜡月”。这种称谓与自然季候并没太多的关系，而主要是与岁时之祭祀有关。所谓“腊”，本为岁终的祭名。不论是打猎后以禽兽祭祖，还是因新旧之交而祀神灵，都要搞祭祀活动，所以腊月是个“祭祀之月”。

北海公园澄观堂

北海公园风光

个“福”字，这叫“迎福”。回到宫内，将迎来的“福”字悬挂于建福宫内，叫“受福”。然后再写一个“福”字悬挂于乾清宫内，至此典礼完毕。

从乾隆时期始，代代清帝都会照例举行祈福典礼，阐福寺也就成为清代皇帝祈求上天赐福的地方了。到清代末年，皇帝不再亲驾阐福寺举行祈福活动，而只派遣太监到此拈香祈福。

阅读链接

旧时传说在琼岛白塔的下面有一口海眼，用文殊菩萨的佛身才能镇住，以绝水患。

白塔后曾经立过5根号杆，俗称五虎号杆，是为防变而设。当时根据五行家的说法，按金、木、水、火、土造出蓝、黄、红、白、黑五色龙旗。

用蓝色旗代表东方，白色旗代表西方，红色旗代表南方，黑色旗代表北方。若东直门告急，东直门、朝阳门号杆升蓝色龙旗，白塔山号杆便随之挂起同色龙旗。晚上看不见旗色时，就挂蓝色灯笼，城内八旗见到信号，就集结队伍，东向迎敌。

城内有变或敌人破城，就挂黄旗或黄灯。在挂旗或悬灯的同时，还要放21响信炮报警，为此，在白塔山山坡专置一信炮台，清时设信炮总管一员，五品官，八旗各一专司监守。

圆明园

圆明园坐落在北京市西郊，与颐和园毗邻。它始建于1709年的清朝康熙年间，由圆明园、长春园、万春园三园组成。

圆明园有园林风景百余处，建筑面积近16万平方米，是清朝帝王在150余年间，创建和经营的一座大型皇家宫苑。

圆明园继承了我国3000多年的优秀造园传统，既有宫廷建筑的雍容华贵，又有江南水乡园林的委婉多姿。

同时，又借鉴了欧洲的园林建筑形式，把不同风格的园林建筑融为一体，在整体布局上使人感到和谐完美，被誉为“一切造园艺术的典范”和“万园之园”。

定鼎中原后始建圆明园

北京的西郊，有连绵不断的西山秀峰。玉泉山、万寿山、万泉庄、北海淀等多种地形，自流泉遍地皆是，在低洼处汇成大大小小的湖泊池沼。

曾经的万园之园圆明园

圆明园再现图

玉泉山水自西向东顺山势注入昆明湖，成为西郊最大的水面。这里开垦了大片水稻田，形成了自然风景区。

早在辽代，封建帝王就选中这里建造了玉泉山行宫。元明以来，也都成为皇帝游幸避暑之地。到了明代，这里的自然景色吸引了更多的人，于是一些达官贵人就占据田园营建园林别墅。

在明朝的万历年间，皇亲武清侯李伟，在这里大兴土木，首先建造了规模宏伟、号称“京国第一名园”的清华园。

后来，明代书画家米万钟又在清华园东墙外导引湖水，辟治了幽雅秀丽的“勺园”，取“海淀一勺”的意思。空旷郊野，出现了亭台楼榭与湖光山色交相辉映的景象，成为京郊名噪一时的园林汇集之地。

清军入关以后，他们对北京盛夏干燥炎热的气候

米万钟（1570年～1628年），明代书画家。字仲诏、子愿，号友石、湛园、文石居士、勺海亭长、海淀渔长、研山山长、石隐庵居士。陕西安化人，徙居燕京，米芾后裔。官太仆寺少卿、江西按察使等职。有好石之癖，善山水，花竹，书法行、草俱佳，既有南宫篆法，也有章草遗迹。与董其昌齐名，人称“南董北米”。

■ 重建后的圆明园迎晖门

很不适应。紫禁城虽然建造得金碧辉煌、宏伟壮丽，但是清朝的皇帝却感到无比呆板憋闷。

康熙皇帝看中了西郊这块绝好的造园之地，于是，从康熙初年便开始大规模地兴建园林。

1688年，康熙皇帝下令在清华园的旧址上建造了面积达60万平方米的畅春园，他每年的大部分时间都在那里避喧听政，清代帝王园居生活自此开始。

在畅春园的周围，有很多明朝遗留下来的私家园林，清初时收归内务府奉宸院后，就把这些前明私园分赐给清皇室成员和王公大臣。

1709年，康熙帝将离北京西北郊畅春园北面一里左右的一座园林赐给第四子胤禛，即后来的雍正皇帝，并亲题园额“圆明园”。

当时的圆明园是一座约33万平方米的水景园，虽然也有所建造，但由于规模不能超过皇帝的畅春园，

康熙（1654年～1722年），爱新觉罗·玄烨的年号，玄烨是清朝的第四位皇帝。8周岁登基，14岁亲政，在位61年。是我国历史上在位时间最长的皇帝，他勤政爱民，开创出了康乾盛世的局面，谥号合天弘运文武睿哲恭俭宽裕孝敬诚信功德大成仁皇帝。

所以建景不多，名声也不大，远远比不上畅春园。

九州清晏就是在此时建成的，在圆明园中，有三池较大的水域，为前湖、后湖和东湖，即福海。在后湖，湖面呈大清疆域的形状，九岛团团簇拥着明丽的湖面，呈“一统九州，天下升平”的气象。

“天地之至数，始于一，终于九焉”。几经演变，冀、兖、扬、荆、豫、雍、幽、梁、徐或青的“九州”已成为华夏的别称和我国的象征。

九州一片安宁，湖水波平浪静，天下永久太平，这就是九州清晏的寓意。九岛中的“九州清晏殿”为圆明园四十景之一，也是九岛中最大的岛，面临前湖，背倚后湖，是一颗镶嵌在两池间的璀璨明珠。

九州清晏标志着威严、正统的宫廷区结束，绚丽辉煌的园林景区揭幕。同时，这里又是圆明园历史的开始。作为胤禛的藩邸赐园，1709年，康熙为建筑群

内务府 我国清朝管理宫廷事务的机构，为清代特有，始设于顺治初年，内务府职官多达3000人，比事务最繁的户部人数多10倍以上，可以说是清朝规模最大的机关。内务府主要职能是管理皇家事务，诸如皇家日膳、服饰、库贮、礼仪、工程、农庄、畜牧、警卫扈从、山泽采捕等，还把持盐政、分收榷关、收受贡品等。

■ 圆明园遗址

中的圆明园殿御书了“圆明”2字。胤禛的理解为：

圆而入神，君子之时中也；

明而普照，达人之睿知也。

而他的儿子弘历却解释说：“圆明之义，盖君子之中也。”

九州清晏位于前湖、后湖之间，是帝后的寝宫区，是后湖景区最大的一组建筑群。该景中轴线上自南而北，分别是圆明园殿、奉三无私殿和九州清晏殿，统称“圆明园三殿”。

三殿以游廊连接，形成两进院落，主殿是皇帝接见臣僚，处理政务之所。九州清晏殿为七楹外加檐廊、抱厦。是皇帝在园内最主要的一处寝宫。

殿内铺金砖并有东西暖阁、仙楼、宝贝格等。东暖阁内有火炕和床，西暖阁有床和风扇。宝贝格内有古玩瓷器等陈设。

殿内还有自鸣钟、铜盆等。殿前安设铜仙鹤一对，有桂花罩棚、梅花罩棚各4座，仙鹤西侧还植有海棠、茶树各一株。殿后设有码头。殿东为“天地一家春”，院落层叠相套，是后妃们的寝宫，殿西是皇帝所居的“乐安和”。

阅读链接

据清朝档案《乾隆穿戴档》记载：每次皇帝出游，都会从九州清晏坐船先到对岸的慈云普护拜佛，然后乘船到万方安河改乘轿到月地云居上香敬佛，再到安佑宫祭祖。在别处看景观荷等游山玩水之后，到坦坦荡荡观鱼，最后回到此殿。

祭祖是我国一项慎终追远的传统，过节总不会忘记祭拜死去的先人，春节也不例外。供奉食物或鲜花以表心意，是我国普遍采用的仪式，祭祖的形式或许因宗教信仰而不同，但纪念祖先的意义却是相同的。

乾隆扩建成圆明三园

乾隆帝即位之后，对圆明园是岁岁营构，日日修华，浚水移石，费银千万。不仅在圆明园内调整了园林景观，增添了建筑组群，而且还在圆明园的东邻和东南邻兴建了长春园和绮春园。这三座园林，都在圆明园管理大臣的管理之下，称为圆明三园。

长春园初称“东园”，南北长约220米，东西宽约95米，原有建筑面积2750平方米，占地约21000平方米，相当于圆明三园总面积的1/5。

长春园遗址

淳化轩是长春园主体建筑，始建于1745年，是乾隆为归政后颐养天年而建的。淳化轩位于长春园中心地带的含经堂，建成时正逢《重刻淳化阁帖》竣工，于是就将刻版嵌于左右廊的廊壁上，淳化轩由此得名。

《淳化阁帖》原是北宋淳化三年，也就是992年摹刻的，包括王羲之、王献之乃至苍颉、夏禹、孔子等99人的书法名迹，具有相当高的历史研究价值。

鼎盛时期的含经堂，四周山水花木环抱，是长春园内最大的园林建筑风景群，占地45 000平方米。主要建筑分三路轴线纵向并列，共有大小殿堂近30座。

含经堂西为思永斋，建工字殿17楹。思永斋前建小有天园，思永斋北为海岳开襟，是湖面上建造的双层圆形石台，上有殿宇3层。海岳开襟之东隔水为仙人承露台，台南为茜园，以石取胜，建有茜园八景。

乾隆帝自杭州运来的南宋德寿宫遗石“青莲朵”就陈列于此。含经堂的东面为玉玲珑馆、鹤安斋、映清斋、茹园和鉴园等，园东北角为狮子林。

狮子林有一水关即进水口，一水门即出水口，上面各有一座石拱桥，名叫虹桥。桥身两边各有几首石

孔子（前551年～前479年），名丘，字仲尼。孔子为春秋末期的思想家和教育家、政治家，儒家思想的创始人，集华夏上古文化之大成，在世时已被誉为“天纵之圣”“天之木铎”，是当时社会上的最博学者，被后世统治者尊为孔圣人、至圣、至圣先师、万世师表，孔子的儒家思想对我国和朝鲜半岛、日本、越南等地区有深远的影响。

重建后的圆明园皇家园林

刻诗词，落款有乾隆题刻印。

水关南岸置石刻乾隆御笔“狮子林”3字匾额。在石匾的背面及水关拱石的内外侧，共有乾隆至嘉庆时期御制的“狮子林”诗刻石10幅。清代学者俞樾赞誉狮子林为：

五复五反看不足，九上九下游未全。

绮春园早期曾是清怡亲王允祥的御赐花园，名为“交辉园”。到乾隆中期该园又改赐给大学士傅恒，易名为“春和园”。后来春和园归入圆明园，正式定名为“绮春园”。

绮春园的宫门，在园子的东南部，被称为“新宫门”。宫门为三开间，前面建有影壁和东西朝房各五间，门内有月牙形的御河流过。

仙人 我国本土的信仰，也就是神仙，仙人在我国信仰有近两万年的历史，甚至更为久远。仙人信仰在我国早在道教产生之前就有了，后来被道教吸收，又被道教划分出了神仙、金仙、天仙、地仙、人仙等几个等级。佛教传入我国之后，把古印度的外道修行人也翻译成仙人。

上书房 清朝皇子皇孙上学读书的地方。清道光之前，叫“尚书房”，道光年间奉旨改为“上书房”。凡皇子年届六龄，即入书房读书，一般派满汉大学士一人或二三人为上书房总师傅，并设汉文师傅若干人，称为“谙达”负责教授满蒙文和骑射。

通过御桥之后是二宫门，中央是绮春园的正殿迎晖殿，殿北有两条长廊与中和堂相连。

中和堂北面是一座小型山丘，山北则是皇家的寝宫区，寝宫区是园内最重要也是最大的建筑群，它的主要建筑是集禧堂和后来改名为敷春堂的永春堂。

绮春园的中心地带有几处别致的小园，分别是展诗应律、春泽园、生冬室、卧云轩、四宜书屋等建筑群，这几处小园，由蜿蜒的水道分隔开来，相互掩映，相互藏露，如诗画般隽永，极富韵味。

绮春园的西南及东北部以水面风景见长，各有较大的湖面和岛屿，构成独特的景色，绿满轩、畅和堂和澄心堂都建在西南岛屿上，凤麟洲、仙人承露台等则建筑在东北部的岛屿之上。

据说，从东西南北任何一个方位看仙人承露台，都可以欣赏到一个仙人衣衫飘拂的潇洒剪影。

绮春园的西部为清夏堂，占地6600多平方米，整个建筑呈“工”字形，是一处盛夏闲居的典型园林，

复建的圆明园绮春园宫门

重修的圆明园正觉寺风光

主体建筑以外，尚有亭台、游廊点缀，庭院里植有苍松修竹，室外则有小巧灵秀的湖山在望。

在绮春园南部还有一个相对独立完整的建筑群正觉寺，是一座藏传佛教寺庙，本身有独立对外的南门，后门与绮春园内部相贯通。

此外，在圆明园福园门南，绮春园西墙外，还有一座名叫“澄怀园”的特殊花园，这是专为南书房和上书房词臣所设的寓所，俗称翰林花园，是南书房和上书房翰林的值庐，这是清廷对汉族官员的最高礼遇，后来的咸丰皇帝曾有诗道：

墙西柳密花繁处，雅集应知有翰林。

澄怀园实际上是圆明园的附属花园，它的护卫和管理都由圆明园管园大臣统一负责。

福海是圆明园三园中最大的水面，东西南北各宽600米，总面积约为28万平方米，加上周围的小水域共计约32万平方米。

方壶胜境位于福海东北岸湾内，是圆明园中最为美丽的建筑。

方壶胜境前部的3座重檐大亭，呈“山”字形伸入湖中，中后部的

龙舟 船上画着龙的形状或做成龙的形状的船。赛龙舟是我国民间传统水上体育娱乐项目，已流传2000多年，多是在喜庆节日举行。史书记载，赛龙舟是为了纪念爱国诗人屈原而兴起的。

9座楼阁中供奉着2000多尊佛像和30余座佛塔，建筑宏伟辉煌，是一处仙山琼阁般的著名景观，主题阁楼实为一座寺庙建筑。

方壶胜境原是海神的祭祠，是我国园林中仅有的一座。它是面临福海东北的一个内湖，大小水面之间有一座可开启的吊桥作示意性的分隔，当桥开启，大的龙舟可由福海进入内湖，直达突出湖中的迎薰亭。

其主体建筑是对称布置、前后三组的殿堂，上覆黄色琉璃瓦，倒影于水面上，犹如仙山的琼楼玉宇，极为壮观。特别当人透过桥洞，远望福海中心的蓬岛瑶台时，更会产生漫游在仙境的观感。

整个建筑群采用对称布局，由一个中轴线连着南北两个群组。南面的一组建筑修建在高大的汉白玉基座上，正殿为临湖二层楼宇，上层外檐悬挂铜镀金字匾额“方壶胜境”，下层外檐悬挂“宜春殿”匾额。

圆明园仙人承露遗址

复建的圆明园福海廊桥

方壶胜境楼下设有宝座，四周摆放有大量古董，楼上为佛楼，供有大小佛像1000多尊。方壶胜境前设有汉白玉护栏，东西各有游廊与临湖的3个亭子相连接。西边的亭子叫“凝祥亭”，东边的叫“集瑞亭”，此二亭屋顶形式与紫禁城角楼很相似。

在两亭之间湖面高台之上建有四方凉亭一座，外檐悬挂乾隆御书“迎薰亭”铜镀金字匾额，此亭的名称和形制与南海瀛台的“迎薰亭”基本相同，亭内设有宝座，皇帝喜欢在此纳凉观景，四周立铜鹿、铜鹤各两对。

亭南设有台阶，平时可做码头，皇帝乘船由福海驶进方壶胜境景区就在此上岸。在迎薰亭北建有一座三孔石桥，与北面的方壶胜境殿相连接，桥南北两端还各建有一座小型琉璃牌楼。

在方壶胜境殿后为6栋二层歇山楼阁，楼阁之间有游廊相连接围成一个封闭空间，整体建筑坐落在高

匾额 我国古建筑的一个必要组成部分，是古建筑的眼睛。一般来说，人们用于表达经义和感情的属于匾，表达建筑物名称和性质的属于额。所以，匾额就是悬挂在门屏上的一种装饰物品，用来凸显建筑物的名称和性质，是人们表达义理和情感的一种文学艺术形式。但也有人认为，横着的叫匾，竖着的叫额。

圆明园石桥遗迹

出地面3米左右的平台上。

南部平台上摆有铜鹤、香炉和湖石。中间庭院内还种植有玉兰和苍松。游廊上部是露台，可自由穿行于两楼二层之间。

南面的楼阁叫“哕鸾殿”，殿的规模与形式与方壶胜境殿相同，哕鸾殿楼下设有宝座，此殿为皇帝寝宫，殿内设有床，哕鸾殿楼上为佛堂，供有大小佛像200多尊。

哕鸾殿后为琼华楼，“琼华楼”3个铜镀金字匾额为乾隆御书，挂在楼外檐上。琼华楼比起前两座楼阁略小一些，楼内设有供皇帝后休息的床。楼上楼下均供奉有大小佛像及佛塔近千尊。

在琼华楼东有一个独立的小院名叫“蕊珠宫”，小院建有正殿与东西配殿，正殿为3间南向，殿内设有暖阁，这里是皇帝后来方壶胜境游玩时的主要寝宫。

另外，在琼华楼北湖北岸还有一组小院落，乾隆起名叫“天宇空明”。此景在乾隆初年就已经建成，后来又进行了大规模的添建。

前殿天宇空明坐北朝南，是此景区正殿，后殿叫“澄景堂”与前殿有游廊相连接，殿内原收藏有乾隆《重刻淳化阁帖》和《西洋楼铜版图》各一套。在天宇空明殿前临湖还修有四方亭一座，亭内挂乾隆御书“圆翠”。

在方壶胜境以西还建有一组十分有意境的景区三潭印月。三潭印月与西湖三潭印月同名，是圆明园仿建西湖十景之一。

“三潭印月”是由佛语而来，佛语：“宗门有三印，谓印空、印水、印泥。”此景建于乾隆初年，是在方壶胜境西河池水中竖立仿西湖三座砖塔，砖塔高2.4米。

在三塔西侧为青石叠成的二仙洞，洞口上有活水滴落形成两个小水帘洞，在三塔东建有跨河敞榭，敞榭挂乾隆御书“三潭印月”黑漆金字匾。傍晚皇帝可在敞榭内欣赏三潭印月的景观。在敞榭东侧建有单孔石拱桥，乾隆赐名“涌金桥”。

三潭印月虽与西湖三潭印月同名，但除水中三座灯塔外与西湖并没有太大相同之处，圆明园三潭印月显得更加小巧玲珑，此景北侧、西侧、南侧被土山围住，东侧为跨水敞榭，皇帝乘船从福海至此，湖面逐渐缩小，建筑从大至小，层层深入，令人流连忘返。

北京圆明园遗址

乾隆皇帝在《圆明园四十景·方壶胜境·诗序》中描述方壶胜境时，写道：

海上三神山，舟到辄风引去，徒妄语耳。要知金银为宫阙，亦何异人寰？即境即仙，自在我室，何事远求？此方壶所为寓名也。东为蕊珠宫，西则三潭印月，净渌空明，又辟一胜境矣。

飞观图云镜水寒，拿空松柏与天参。高冈翔羽鸣应六，曲渚寒蟾印有三。拿匠营心非美事，齐人扼腕只虚谈。争如茅土仙人宅，十二金堂比不惭。

蓬岛瑶台是位于福海中的3个小岛，雍正时期名为"蓬莱洲"，三岛仿李思训画意，为仙山琼阁之状，象征东海蓬莱、方丈、瀛洲三仙山，也是为了追求人间仙境，祈求长生不老的一厢愿望。

三岛位于福海中心，由两座木桥将三岛相连接，正中为大岛，岛

上正殿叫"蓬岛瑶台"，殿内设有宝座并设有床。殿内还收藏有《重刻淳化阁帖》和《西洋楼铜版图》各一套。

在蓬岛瑶台大岛的西北和东南还各有一个小岛，西北岛上建有太监值班房，皇帝每次来岛游览，御膳房、御茶房都设在这里。

东南岛上建有一座六方亭，岛上堆有大量山石，还立有很多御制诗刻石头，雍正、乾隆、嘉庆、道光和咸丰皇帝都有御制诗描写蓬岛瑶台景区，这在圆明园甚至整个清代皇家园林中也是不多见的。

福海在清朝每年端午节都要举行龙舟竞渡，皇帝与皇太后分别在望瀛洲和蓬岛瑶台观赏龙舟竞渡。

在福海的东南角为接秀山房，占地面积12500平方米。建筑形式与涵虚朗鉴很相似，都是沿岸布置，南北遥相呼应，使福海东岸景观显得十分和谐。

接秀山房主殿为西向3间大殿，檐下挂着雍正御笔的"接秀山房"匾额。殿两端伸出游廊，将南面揽翠亭与北面的澄练楼完美地连接了起来，加强了建筑的整体感。

重修后的圆明园景色

复建的圆明园石桥

在接秀山房殿以南，原有一组独立的建筑名叫“观鱼跃”。在嘉庆时被拆除进行改建，建成南向三进五间大殿。嘉庆曾御书“观澜堂”挂在大殿檐下，新建成的观澜堂与九州清晏的慎德堂很相似，是福海沿岸最大的建筑。

观澜堂装饰得十分华丽，整个宫殿房梁、柱子、门窗和室内家具都采用了珍贵的紫檀木，上面镶嵌了金、银，以及珍珠和翡翠等珍贵宝石。

堂东为佛堂，西设有宝座床可供皇帝休息，嘉庆、道光和咸丰三位皇帝都喜欢居住在这里，并留有大量描写观澜堂的诗句。

平湖秋月位于福海北岸，是圆明园内的西湖十景之一，占地面积约20 000平方米。平湖秋月的正殿为3间大殿，檐下悬挂雍正御书的“平湖秋月”匾额。

盛时逢年过节，这里都会悬挂两对五福骈臻灯和4对六方绢画。殿内收藏着一柄棕竹边文竹股心铜轴两面黑底平湖秋月应景字画扇，一面为词臣曹文植字，一面为画师李秉德画。

紫檀木 别名“青龙木”，是红木中最高级的用材。是一种颜色深紫黑的硬木，最适于用来制作家具和雕刻艺术品，用紫檀制作的器物经打蜡磨光不需油漆，表面就呈现出缎子般的光泽。因此有人说用紫檀制作的任何东西都为人们所珍爱。

正殿北侧建有敞厅3间，外檐挂乾隆御笔的“花屿兰皋”匾额，西北角有游廊与流水音亭相连接，殿前有临水敞厅3间，临水敞厅紧临水面，大有“近水楼台先得月”的意境，坐在敞厅内可欣赏福海西岸与东岸的美丽景色，也是避暑纳凉的好地方。

在平湖秋月殿东面有一座吊桥，福海的大型游船都是从这里进入北面的大船坞停靠的。

桥的东端高台之上建有一座重檐攒尖顶木亭，亭外悬挂乾隆御笔“两峰插云”的匾额，与杭州西湖“两峰插云”同名，是圆明园内西湖十景之一。

每到九九重阳节，这里都是帝后的登高之处。

曲院风荷殿地处福海与九州之间，是一个过渡的景点，也是圆明园中仿建西湖十景规模最大的一处。在曲院风荷殿西建有一座两层小楼，楼内供有佛像，乾隆赐名为“洛伽胜境”，是照浙江定海的普陀山仿建的。

洛伽胜境居曲院风荷殿西，为二层三间，外檐悬乾隆御书“洛伽胜境”匾额。嘉庆皇帝曾4次题咏《落迦胜境》。洛伽又称普陀落迦，南海落迦实为东海普陀，为佛教四大名山之一。

曲院风荷殿前有一座桥亭，因桥内铺棕，所以俗称“棕亭

重阳节 为农历九月初九日。《易经》中把“九”定为阳数，九月初九，两九相重，故而叫重阳，也叫重九。重阳节早在战国时期就已经形成。到了唐代，重阳节被正式定为民间的节日，此后历朝历代沿袭。重阳节这天所有亲人都要一起登高“避灾”，插茱萸、赏菊花，喝雄黄酒。

■ 圆明园界石

圆明园福海石碑

桥”。其实，过棕亭桥就是一个人工挖掘的大荷花湖，湖面南北长240米，东西宽80米，中央是一座九孔石桥。

九孔石桥又称金鳌玉蝀桥，九孔桥南北河池中，荷花特盛，红衣印波，长虹摇影，是圆明三园最长的一座石券桥。

石桥的东西各立有牌楼一座，西边牌楼题匾“金鳌”，东边牌楼题匾“玉蝀”，所以此桥又称“金鳌玉蝀桥”，此桥也是圆明园内最大的一座石桥，在桥东还建有一座上圆下方四方重檐亭，乾隆御书“饮练长虹”匾就挂在亭中。

在湖南岸建有船坞一座，船坞停靠着供帝后游览福海的大小船只，是圆明园内较大的几处船坞之一。

曲院风荷以观荷为主题。“曲院”原是南宋朝廷开设的酿酒作坊，濒临西湖湖岸，近岸湖面养殖荷花，每逢夏日，和风徐来，荷香与酒香四处飘逸，不饮亦醉。

阅读链接

曲院风荷最引人注目的仍是赏荷。园内大小荷花池中栽培了上百个品种的荷花，其中特别迷人的要数风荷景区。

这里以水面为主，分布着红莲、白莲、重台莲、洒金莲和并蒂莲等各种荷花，莲叶田田，菡萏妖娆。

水面上架设了造型各异的小桥，人从桥上过，如在荷中行，人倚花姿，花映人面，景色异常宜人。

西洋楼及其周边建筑

为了追求多方面的乐趣，在长春园北界还引进了一区欧式园林建筑，俗称“西洋楼”，由谐奇趣、线法桥、万花阵、养雀笼、海晏堂、远瀛观、大水法、观水法、方外观、线法山和线法墙等10余个建

复原的圆明园西洋楼

圆明园遗址

筑和庭园组成.

此楼于1747年开始筹划，至1759年基本建成。由西方传教士郎世宁、蒋友仁、王致诚等设计指导，我国的匠师建造完成。

建筑形式是欧洲文艺复兴后期“巴洛克”风格，造园形式为“勒诺特”风格。但在造园和建筑装饰方面也运用了我国不少的传统手法。

建筑材料多用汉白玉石，石面精雕细刻，屋顶覆琉璃瓦。西洋楼的主体，其实就是人工喷泉，时称“水法”。特点是数量多、气势大、构思奇特。主要形成谐奇趣、海晏堂和大水法三处大型喷泉群。

西洋楼整体占地面积并不大，只是一个很小的局部而已，但它却是成片建仿欧式园林的一次成功尝试。这在东西方园林交流史上，占有重要地位，曾在欧洲引起强烈反响。

一位目睹过它的西欧传教士赞誉西洋楼是集美景佳趣于一处，凡人们所能想象到的、宏伟而奇特的喷泉应有尽有，其中最大者，可与凡尔赛宫及圣克劳教堂的喷泉相提并论。

谐奇趣位于西洋楼的最西部，由主楼、主楼前后喷泉及北边的供水楼组成。谐奇趣由乾隆命名，取西洋喷水和谐有趣之意。楼的左右两侧，从曲廊伸出八角楼厅，是演奏中西音乐的地方。

十二生肖 我国传统文化的重要部分，源于自然界的11种动物和一个民族图腾，即鼠、牛、虎、兔、龙、蛇、马、羊、猴、鸡、狗、猪组成，用于纪年，顺序排列为子鼠、丑牛、寅虎、卯兔、辰龙、巳蛇、午马、未羊、申猴、酉鸡、戌狗、亥猪。在中华文化圈内被广泛使用。

大水法是西洋楼最壮观的喷泉，它的建筑造型为石龛式，酷似门洞。下边有一大型狮子头喷水，形成七层水帘。前下方为椭圆菊花式喷水池，池中心有一只铜梅花鹿，从鹿角喷水8道。两厢有10只铜狗，从口中喷出水柱，直射鹿身，溅起层层浪花。

大水法左右两侧的前方，各有一座巨大的喷水塔，塔为方形，13层，顶端喷出水柱，塔四周有88根铜管，也都一齐喷水。

当年，皇帝是坐在对面的观水法，观赏这一组喷泉的，英国使臣马戛尔尼、荷兰使臣得胜等，都曾在这里“瞻仰”过水法奇观。

海晏堂是西洋楼最大的宫殿，主建筑正门向西，阶前有大型水池，池左右呈八字形，排引有鼠、牛、虎、兔、龙、蛇、马、羊、猴、鸡、狗、猪12只兽面人身铜像，正是我国的十二属相。

每昼夜依次辍流喷水，每隔一个时辰或是在正午时刻，十二生肖都会一齐喷水，俗称“水力钟”。

生肖铜像身躯为石雕穿着袍服的造型，头部为写实风格造型，铸工精细，兽首上的褶皱和绒毛等细微之处，都清晰逼真。铸造兽首所选用的材料为当时清朝廷精炼的红铜，外表色泽深沉、内蕴精光，历经百年而不锈蚀，堪称一绝。

蓄水楼是意大利传教士郎世宁

时辰 我国古时把一天划分为十二个时辰，每个时辰相当于现在的两小时。相传古人根据我国十二生肖中的动物的出没时间来命名各个时辰。西周时就已使用。汉代命名为夜半、鸡鸣、平旦、日出、食时、隅中、日中、日昳、晡时、日入、黄昏、人定。又用十二地支来表示，以夜半二十三点至一点为子时，一至三点为丑时，三至五点为寅时，依次递推。

圆明园十二生肖兽首

朝廷 在我国古代，被诸侯、王国统领等共同拥戴的最高统领者建立的一种统治机构的总称。在这种政治制度下，统领者一般被称为皇帝。朝廷后来指帝王接见大臣和处理政务的地方，也代指帝王。

甲胄 作为将士的防护性兵器，在冷兵器时代充当着极其重要的角色。可以较大程度地保护将士身体免遭敌方进攻性兵器的重创，进而能够增强战斗力并给敌方以更猛烈的打击。

和法国传教士蒋友仁专为大水法和海晏堂的喷泉供水而修建的。最早修建时为两层，是由沙子、白灰和黄土混合的“三合土”修建而成，因而比一般的黄土基座更加坚固。

大水法对面就是观水法，观水法坐南朝北，是清朝皇帝观赏大水法喷泉的地方，观水法正中石台上设宝座，其后是由5件石雕并列而成的大型石屏风，分别刻有夕阳军旗、甲胄、刀剑和枪炮等图案。

围屏东西侧各列汉白玉方塔一座，再向外侧各有一座巴洛克式西洋门，出门向南可拾级登临泽兰堂。

方外观坐落于海晏堂的西侧，只残留下了4根巨型雕花石柱，但仅凭着这几根石柱上的精美雕花，就可以想象出当时方外观在东侧的谐奇趣映衬下是何等的精致与小巧。

方外观原为两层西式小楼，是乾隆皇帝特为香妃做礼拜而修建的。屋顶为重檐五殿顶，配以蓝、绿两

圆明园雪景

色琉璃瓦，是建筑等级中的最高等级。

一层从券门进入，二层有东西角门，可以从楼外的环形楼梯直接进入。在楼内放置有两通刻有古兰经的碑文，并在墙上刻有阿拉伯文字。据说，当年乾隆皇帝为了缓解香妃的思乡之情，准许她可在后宫身着维吾尔族服装，并下令“方外观”内的所有宫女也身穿维吾尔族服装。

每周香妃在“方外观”做礼拜时，乾隆帝都会在楼外的方亭里静静地等候。

阅读链接

西洋楼还建有万花阵，亦称黄花阵，是仿照欧洲的迷宫而建的花园。用4尺高的带图案的雕花砖墙，分隔成若干道迷阵，因而称作“万花阵”。

虽然从入口到中心亭的直线距离不过30余米，但因为此阵设计巧妙而易进难出。

每当中秋之夜，皇帝就会坐在阵中心的圆亭里，太监和宫女们手持黄色彩绸扎成的莲花灯，寻径飞跑，先到者便可领到皇帝的赏物，所以也叫黄花阵或黄花灯。

炫美壮观的后湖景区

曲院风荷殿建成之后不久，乾隆皇帝又策划建造了后湖景区。

碧桐书院南北长120米，东西宽115米，占地约13 500平方米，是用建筑和围墙围成近10个朴素的庭院，院中碧桐矗立，绿荫如盖，如置身清凉境界，是夏日纳凉的好地方。

碧桐书院“前接平桥，环以带水”，前殿3楹，中殿、后殿各5楹。其西南高峰处为“云岑亭”。

复原的圆明园后湖景区

碧桐书院功用为书院，四边围以两座山，与外界隔绝，造成静室读书之意境。

碧桐书院植物以梧桐著名，乾隆在“碧桐书院”御制诗序中说：

圆明园太湖石

前接平桥，环以带水。庭左右修梧数本，绿荫张盖，如置身清凉国土。每遇雨声疏滴，尤动我诗情。

梧桐广叶青阴，繁花素色，“家有梧桐树，何愁凤不至”，梧桐被看作是韵雅圣洁之树。

碧桐书院四面环山，林木茂密，是一处非常清静的地方。碧桐书院的建筑由错落有致、形态各异的大小院落组成，共三进院落。

正殿檐下悬有“碧桐书院”匾额。殿内还设供皇帝休息的床和炕等，是清帝读书、作画的地方。书院周围种植大量梧桐树，古人认为梧桐可以招来凤凰。

每当皓月当空，月移叶影动，或霖雨霏霏，疏雨滴梧桐。自成“月转风回翠影翻，雨窗尤不厌清喧”的佳境。秋天更是桐花乱洒，翠叶萋萋，枫叶吐红。

乾隆皇帝在诗中也曾赞美道：

月转风徊翠影翻，雨窗尤不厌清喧。
即声即色无声色，莫问倪家狮子园。

凤凰 简称凤。在远古图腾时代被视为神鸟而予崇拜。用于比喻有圣德之人。它是原始社会人们想象中的保护神，经过形象的逐渐完美演化而来。它头似锦鸡、身如鸳鸯，有大鹏的翅膀、仙鹤的腿、鹦鹉的嘴、孔雀的尾。居百鸟之首，象征美好与和平。也是古代传说中的鸟王，雄的叫凤，雌的叫凰，通称凤。是封建时代吉瑞的象征，也是皇后的代称。

圆明园铜鼎

诗中提到的倪家，即元代大画家倪云林，倪云林很爱干净，家中种有数株梧桐树，每天都叫书童洗刷干净。乾隆皇帝把自己喻作倪云林，意思是向他人说明自己也是一个爱干净的画家。

上下天光是仿《岳阳楼记》中对洞庭湖的描写而建，成功地再现出了“縠纹倒影，晃漾楣槛间，凌空俯瞰，一碧万顷，不啻胸吞云梦”的气势。

上下天光三面环山，南临后湖，有楼台滨湖伸入水中，左六角亭“奇赏”，右六角亭“饮和”，平台东西两端各有九曲平桥。桥上列凉亭，楼后为平安院，一条小路蜿蜒隐现，伸向远方。

后湖面积仅40 000平方米，尽管没有“衔远山，吞长江，浩浩荡荡，横无际涯”的洞庭气势。但登上两层楼台，俯瞰后湖开阔的湖面，以及隔湖东、南、西三方临湖胜景，也能“向若而叹”。

朝晖暮霭，万顷烟波，“上下水天一色，水天上下相连”的万千气象，令人头清目爽，心旷神怡。

上下天光的主体建筑叫“涵月楼”，是一座两层敞阁，外檐悬挂有乾隆御笔的“上下天光”匾额。

涵月楼是一组临水建筑，此建筑盖在一座石平台

《岳阳楼记》 一篇专为重修岳阳楼写的记。由北宋文学家范仲淹应好友巴陵郡太守滕子京之请而作。其中的名句“先天下之忧而忧，后天下之乐而乐”“不以物喜，不以己悲”是引用较多的句子。

上，前半部伸向水中，建筑东西两边各有一组水亭和水榭，用九曲桥连在一起。楼后东北添建一方形亭式建筑，及一座大值房院。原楼前曲桥、亭榭及楼北平安院值房。

此外，在“涵月楼西夹河”还添建了一组园林建筑，包括敞厅、方亭和曲廊。

这组建筑修建得十分巧妙，站在水榭上如同站在美丽的图画中。到了道光年间，对上下天光做了很大的变动，拆除了原来的曲桥，亭榭和曲廊，整个建筑改为码头，这次改建使原有的意境大为减损。

每到中秋佳节，道光皇帝经常在此楼侍奉皇太后赏月，祭祀兔儿爷。直到圆明园被毁的时候，上下天光仍在修建，为咸丰皇帝过30岁生日而添搭天棚。

坦坦荡荡紧靠后湖西岸，是圆明园中专设的养鱼区，四周建置馆舍，中间开凿大水池，占地面积约1050平方米。坦坦荡荡仿杭州西湖“花港观鱼”一景的意境而建，是皇帝观赏金鱼最佳处，俗称金鱼

榭 我国园林建筑中依水架起的观景平台，平台一部分架在岸上，一部分伸入水中。榭四面敞开，平面形式比较自由，常和廊、台组合在一起。多建于水边或者花畔，借以成景，一般开敞或设窗扇，以供人们游憩和眺望，水榭则主要三面临水。

重建后的圆明园美景

池。有一次，乾隆皇帝曾在圆明园居住了157天，来金鱼池喂金鱼达72次之多。

坦坦荡荡分南北两大景区，南面是一组中式建筑，中间正殿外檐悬挂乾隆皇帝御笔的“素心堂”匾，是帝后及皇太后来此游玩、休息的地方。素心堂东殿为半亩园，是帝后及皇太后进膳的地方。

在中式建筑的北面就是坦坦荡荡的主要建筑，也是圆明园内最大的观鱼池。大型方整的观鱼池，四周是整齐的石岸，岸上围以汉白玉栏杆。池中央设水榭，列湖石，幽雅别致。

观鱼池平面呈正方形，中间建有一敞榭，外檐悬挂有乾隆御笔的“光风霁月”匾额。

光风霁月殿南北有3组鱼池，南面的要大一些，北面两个池子略小一些。西北方的水池中建有一座四方亭，清朝皇帝很喜欢在此亭内观赏金鱼。

整个鱼池中养有各种大小金鱼数千尾，乾隆皇帝非常喜欢此景，每次来圆明园都必到此地，并在此咏诗数首。

金鱼池内建有太湖石围成的鱼窝数个，这种设计十分微妙，每到冬天鱼池水面结冰，但由于鱼窝内很深，温度较高，鱼可以在鱼窝内过冬，这样就免去了秋季捞鱼的麻烦。这种形式的鱼池，在清代皇家园林中是不多见的。

复建的圆明园拱桥

复建的圆明园美景

山高水长楼位于圆明园西南的一处空旷之地，占地面积1150平方米，俗称“西园”或“西苑”，整个建筑群呈“卍”字形，由建筑在水中的33间殿宇组成，其寓意是祝福大清天下长治久安，乾隆皇帝亲赐名叫“山高水长”。

这里地势平衍，园囿宽敞，是清朝历代皇帝宴请外藩使节及王公大臣观看游艺节目、欣赏火戏烟花和训练圆明园卫戍的地方。

山高水长主体建筑为一座卷棚歇山楼，外檐悬挂乾隆御书的“山高水长”匾额。

山高水长的西面设有供骑射比赛用的马道，清朝皇帝会定期在这里观看八旗比赛，表示任何时候都不要忘记满族的民族特点，不要忘记先祖们是从马背上打下的天下。

这里还是清朝皇帝设武帐宴的地方。武帐宴俗称“大蒙古包宴”，开始于雍正时期，到乾隆时已达全

烟花 又称烟火、焰火，在我国发明较早，主要用于军事上，盛大的典礼或表演中，而近代以来唯一能在同天同活动里施放烟花的活动则为除夕跨年的活动。

八旗 清太祖努尔哈赤于1601年正式创立，初建时设四旗，为黄旗、白旗、红旗、蓝旗。1614年因“归服益广”将四旗改为正黄、正白、正红、正蓝，并增设镶黄、镶白、镶红、镶蓝四旗，合称八旗，统率满、蒙、汉族军队。

复建的圆明园石拱桥

盛，每年正月十三前都要举办一次，宴请者主要是蒙古王公和外国的使节等。

到元宵节，山高水长还要举行盛大的“火戏”，也就是放烟火。同时还有善扑营表演撩跤，也就是摔跤，健锐营表演枪技，另外还有回部表演铜绳技，同时还演奏蒙古、朝鲜等民族的乐曲。在山高水长南部，还建有存放武帐宴及放烟火的13所。

山高水长“土墙”诗碑原在圆明园山高水长楼的西北部，碑两侧分别刻有乾隆丁未仲春御笔“土墙”诗和“种松”诗。

诗碑由碑身和碑座两石组成，宽2.27米，通高1.1米，碑身四周有游龙装饰，整通石碑完好，字迹和纹样都很清晰。

鸿慈永祐又称安佑宫，位于圆明园西北隅，是依照景山寿皇殿修建的一组大型皇家祖祠，为园内规格最高的建筑。所有殿宇均覆黄琉璃瓦，用红墙围筑起来。整组建筑气势磅礴，庄严肃穆。

安佑宫坐北朝南，门外立有三门琉璃火焰牌楼一

鹿 在古代被视为神物。古人认为，鹿能给人们带来吉祥幸福和长寿。作为美的象征，鹿与艺术有着不解之缘，历代壁画、绘画、雕塑、雕刻中都有鹿。现代的街心广场，庭院小区矗立着群鹿、独鹿、母子鹿、夫妻鹿的雕塑。一些商标、馆驿、店铺匾额也用鹿，是人们向往美好，企盼财运兴旺的心理反映。

座，牌楼上有乾隆御书的铜镀金字匾额“鸿慈永祜”，火焰牌楼东西两边各立有两座高8米的华表。

安佑宫的华表为汉白玉石雕，上面刻着蟠龙云气，甚为精巧，柱围3.16米，通高约8米，下为八方形的须弥座，座高1.24米。

过琉璃火焰牌楼是致孚殿，致孚殿是清朝各帝祭祖更衣的地方。致孚殿北有3座三孔石桥，过石桥后为3座牌楼环抱。

三座牌楼北为一座琉璃券门，券门前东西各置有石麒麟一对。过琉璃券门便到了安佑宫正门安佑门，门外檐上悬挂有乾隆御书的“安佑门”匾额。宫门外东西各建有一座井亭，宫门内还建有焚帛炉。

在安佑门内的东西两侧各建有一座重檐八方亭，亭内矗有乾隆御笔的满、汉双语《安佑宫碑文》，两座碑亭中间便是正殿安佑宫。

安佑宫的四周还围以汉白玉栏杆，殿前设有8座大铜缸、4座铜炉、一对铜鹿和一对铜鹤。

殿内供有康熙、雍正、乾隆、嘉庆和道光五代皇帝的画像，殿内陈设有祭祀用的乐器一套。每年上元、中元、清明、先祖生辰和忌日皇帝都必须来此进行祭拜。

清朝皇帝每次在安佑宫祭祖，都声势浩大，上百名太监和宫女几乎要忙上整整一个月。在安佑宫门前还有一对石麒麟，麒麟高1.74米，另有0.98米高的须弥座。石料坚实，刻工细腻，体态逼真，线条纹样流畅清晰。

后来，乾隆皇帝用7年时间相继完成了圆明园的四十

复建的圆明园听松亭

圆明园遗址

景，并命沈源和唐岱等人绘制了四十景图，均以四字命名，并为其撰写了图咏，由汪由敦书写。

到1770年，圆明三园的格局基本形成。嘉庆时期，主要对绮春园进行修缮和扩建，使之成为主要园居场所之一。

圆明园集我国几千年优秀造园艺术之大成，把我国古典园林推向一个新的高度。一些西方人，对我国园林刮目相看，也正是从圆明园开始的。总之，圆明园为我们这个文明古国赢得过荣誉，曾经是我们中华民族的骄傲！

1900年，八国联军入侵北京，一代名园圆明园被毁了。

阅读链接

圆明园的四十景为：正大光明、勤政亲贤、九洲清晏、镂月开云、天然图画、碧桐书院、慈云普护、上下天光、杏花春馆、坦坦荡荡、茹古涵今、长春仙馆、万方安和、武陵春色、山高水长、月地云居、鸿慈永祐、汇芳书院、日天琳宇、澹泊宁静、映水兰香、水木明瑟、濂溪乐处、多稼如云、鱼跃鸢飞、北远山村、西峰秀色、四宜书屋、方壶胜境、澡身浴德、平湖秋月、蓬岛瑶台、接秀山房、别有洞天、夹镜鸣琴、涵虚朗鉴、廓然大公、坐石临流、曲院风荷和洞天深处，这些都是根据古人的诗情画意而建造的。

颐和园

颐和园是我国规模最大、保存最完整的一座皇家园林，和我国的承德避暑山庄、苏州拙政园和苏州留园并称为中国四大名园。

颐和园位于北京市海淀区，占地约290万平方米，原是清朝帝王的行宫和花园，前身叫清漪园，1860年慈禧太后以筹措海军经费的名义动用银两重建，改称颐和园，作为消夏的游乐地。

颐和园利用昆明湖、万寿山为基址，以杭州西湖风景为蓝本，借鉴江南园林的某些设计手法和意境而建成的一座大型天然山水园，被誉为皇家园林博物馆。

乾隆为表孝心兴建清漪园

在北京的西北郊，原有一座山，为燕山的余脉，山下有一湖，称为七里泺、大泊湖或西湖。泉水丰沛，湖泊罗布，远山近水彼此烘托映衬，形成有如江南的优美自然景观，为华北地区所不多见。

颐和园铜狮

颐和园牌楼

1153年，金主海陵王完颜亮在此设置金山行宫。

元朝定都北京之后，为了接济漕运用水的需要，水利学家郭守敬开辟上游水源，引昌平白浮村神山泉水及沿途流水注入湖中，使水势增大，成为保障宫廷用水和接济漕运的蓄水库。

据说元世祖忽必烈的正宫皇后翁娘娘，是个很有学问的人，她辅佐忽必烈治理天下，满朝文武和三宫六院没有一个不佩服她的。

可是有一天，这位皇后忽然得了重病，什么办法都用过了，就是没有丁点效果。

在临死前，翁娘娘对忽必烈说："臣妾死后，只有一个要求，望陛下把我埋在丹棱北边的那个小山包上。"

忽必烈问："为什么偏偏要埋葬在那么荒凉的地方呢？"

翁娘娘说："日后有天子给我看坟。"

郭守敬（1231年～1316年），字若思。生于元朝顺德邢台，即今河北邢台。元朝的天文学家、数学家、水利专家和仪器制造专家。郭守敬修订的新历法《授时历》，是当时世界上最先进的一种精良的历法，通行360多年。

朱厚照（1491年～1521年），明朝第十位皇帝，明孝宗嫡长子，母亲张皇后，他追求个性解放，追求自由平等，为人又平易近人、心地善良，是极具个性色彩的一个人。庙号武宗，谥号承天达道英肃睿哲昭德显功弘文思孝毅皇帝，葬于北京十三陵之康陵。

说完这句话没多大工夫，翁娘娘就闭眼离世了。忽必烈按照她的意思，把她葬在了那个小山包上。从此，那个小山也被叫作瓮山，山下的湖也叫作翁山湖了。但是翁娘娘到底是葬在瓮山的哪块儿，就不知道了。因为在埋葬的时候，地面上并没有留下任何蛛丝马迹，这为的是防备有人掘坟盗墓。

1494年，明孝宗朱祐樘的乳母助圣夫人罗氏在瓮山前建圆静寺，据明人的描写圆静寺道：

因岩而构，甃为石磴。游者拾级而上，山顶有屋曰雪洞，俯视湖曲，平田远村，绵亘无际。

寺门度石桥，大道通湖堤，门内半里

颐和园西堤镜桥

许，从左小径登台，精兰十余。室之西，殿三楹，左右精舍一间，据山面湖。

看来，圆静寺选址恰当，颇能因地制宜，尤其是在建成之后，瓮山的面貌有所改善，文人墨客经常来这里游览，留下了大量的诗文吟咏。此后，瓮山周围的园林逐渐增多起来。到了明武宗朱厚照时期，在湖滨修建行宫，称为“好山园”，为皇室的园林，并将“瓮山”之名改为“金山”，瓮山泊改名为“金海”。明武宗朱厚照和明神宗朱翊钧，都喜欢在这里泛舟游乐。

清代初期，瓮山成为宫廷养马的草料场，常有获罪的太监被发配到这里铡草。

乾隆初年，北京西郊的海淀一带园林增多，大量的园林用水使得京城的耗水量与日俱增，当时的园林用水除了流量较小的万泉河水系

颐和园铜龙

之外，大多来自从玉泉山流入西湖的水，而这也是明代以来通惠河的水源，如果大量截流玉泉山水，将威胁到北京至通州一段的通惠河水位，直接影响到漕运。

1750年，乾隆皇帝为了筹备崇德皇太后，也就是孝圣宪皇后的60大寿，以治理京西水系为借口下令拓挖西湖，拦截西山、玉泉山、寿安山的来水，并在西湖西边开挖高水湖和养水湖，以此三湖作为蓄水库，保证宫廷园林的用水，并为周围农田提供灌溉用水。

乾隆帝以汉武帝挖昆明池操练水军的典故将西湖更名为昆明湖，并将挖湖的土方堆筑在湖北的瓮山，将瓮山改名为万寿山，并开始建造清漪园。除此之外，乾隆不仅命人拓展湖面，还特意把昆明湖挖成寿桃形，寓意向其母献寿。

同年，乾隆皇帝下发诏令修建了东宫门、勤政殿、大报恩延寿寺和乐寿堂等建筑，并陆陆续续修建了各具特色的阁楼、凉亭和石桥等。

东宫门是当时乾隆皇帝从事政治活动和生活起居的地方，它坐西朝东，门楣檐下全部用油彩描绘着绚丽的图案。6扇朱红色大门上嵌着整齐的黄色门钉，

门钉 在古建筑里，门钉只在板门上使用。有人认为门钉源自于墨子所说的“涿弋”，长二寸，见一寸，即钉入门板一寸左右。当初用来提防敌人用火攻城，所以在涿弋上涂满了泥，起防火作用。门钉一般是铜制的。

中间檐下挂着九龙金字大匾，上书“颐和园”3个大字，是后来的光绪皇帝御笔亲题的。

门前御道丹陛上的云龙石雕刻着二龙戏珠，为乾隆年代所刻，是皇帝威严的象征。在清朝，东宫门只供帝后的出入。

在东宫门内，乾隆皇帝修建了勤政殿，意在告诫自己要勤理政事，不忘政务。勤政殿坐西向东，面阔7间，两侧有南北配殿，前有大门，门外有南北9卿房。殿内有蹲坐在石须弥座上的一只铜铸异兽，这只异兽为龙头、狮尾、鹿角、牛蹄、遍体鳞甲，造型离奇怪异，据说是传说中的瑞兽麒麟。

铜龙、铜凤排列于勤政殿前，均空腹，是帝后举办朝会时点燃檀香用的。当腹内燃起檀香时，香烟即从龙凤口中袅袅冒出。

我国古代历来都以龙象征皇帝，凤象征皇后，习惯设置是龙居中间，凤靠边侧。但是后来慈禧掌权之后，便将龙凤位置颠倒，形成了“凤在上，龙在下”的特殊现象。后来“勤政殿”改为了“仁寿殿”，即施仁政者能长寿的意思。

峰虚五老是摆放在勤政殿前的5块高约4米的太湖石，院四周各一块色暗孔奇之石，象征着一年四季。5块湖石象征庐山胜景五

典故 原指旧制、旧例，也是汉代掌管礼乐制度等史实者的官名。后来一种常见的意义是指关于历史人物、典章制度等的故事或传说。典故这个名称，由来已久。最早可追溯到汉朝，《后汉书·东平宪王苍传》中记载：“亲屈至尊，降礼下臣，每赐宴见，辄兴席改容，中宫亲拜，事过典故。”

颐和园寿星石

老峰，寓意长寿，所以称为“峰虚五老”。石头上刻有乾隆皇帝在甲子夏日所作的诗词一首，道：

林瑟瑟，水冷冷。溪风群籁，山鸟一声鸣。斯时斯景谁图得，非色非空吟不成。

蝙蝠 不是鸟，也不是鼠，而是一种能够飞翔的哺乳动物，属动物学中的翼手目。在我国传统的装饰艺术中，蝙蝠的形象被当作幸福的象征，习俗运用“蝠”“福”字的谐音，并将蝙蝠的飞临，结合成“进福”的寓意，希望幸福会像蝙蝠那样自天而降，以此来组吉祥图案。

为了突出孝圣宪皇后60大寿的主题，乾隆皇帝还特意强调在勤政殿室内装饰上突出一个“寿”字，在南北暖阁的山墙上，分别挂有一个巨大的条幅，上面是百只蝙蝠捧着一个“寿”字，寓意“百福捧寿”。

在殿中宝座后边的屏风上，一共雕有200多个寿字，用不同写法精雕而成，把一个寿字书写得穷工尽趣。勤政殿四周房檐的滴水瓦上也刻上了寿字图案，两侧各78个，前后各128个，共计412个寿字。

玉澜堂其意为湖光潋滟之堂，始建于1750年，玉澜堂紧靠昆明湖，是一座三合院式的建筑，正殿玉澜

颐和园玉澜堂

■ 颐和园玉澜堂西配殿藕香榭

堂坐北朝南，东配殿霞芬室，西配殿藕香榭。

3个殿堂原先均有后门，东殿可以直达勤政殿，是当时乾隆皇帝的书堂。

殿内明间正中设地平和宝座，宝座后为五屏照背。地上设有盖火盆，落地罩内面南安楠柏木包厢床，两边安冠架和书桌。桌上放置瓶、盒、砚、匣等物，匣内装水盛、笔山、册页、墨床、墨等。

东西靠墙安设几案，上置樽、钟、鼎、铎、书籍等物。墙上贴有字画，后抱厦面南安楠柏木包厢床，床上左边设香几，上置册页、石盒、插屏。右边设书桌，上置册页、手卷等物。床两边安放樽、炉、奁、镜等物。

靠南墙安放几案，案两边设书格，案上、格内皆陈放书籍。东间面西安楠柏木包厢床，床左边安放香几，放置书籍。

几案 长桌子，也泛指桌子。人们常把几和案并称，是因为二者在形式和用途上难以划出截然不同的界限，“几”是古代人们坐时依凭的家具，“案”是人们进食、读书写字时使用的家具，其形式早已具备，而几案的名称则是后来才有的。

颐和园宜芸门

右边安放书桌，放置书籍和盛放玉版的盖匣。地上设有盖火盆，明柱前安放高足香几。曲尺影壁四面贴有山水画，极为珍贵。

东暖阁是早膳室，西暖阁为寝宫，后檐及两配殿均为砌砖墙，与外界隔绝。

据记载，玉澜堂内摆放的陈设只有105件，主要以家具为主，有金漆宝座、茶几、多宝格、杌凳，硬木藤心床、硬木藤底罗汉床，硬木雕龙柜橱、雕龙顶竖柜、雕龙福寿椅月牙桌、镶嵌挂屏、五彩百鹿大瓷樽等。

总体而言，玉澜堂的陈设品种中和了两个历史时期的特点，保留着早期的“书堂”和晚期的“寝宫”特色。

殿内正中地平床上的宝座、御案、掌扇，特别是用紫檀木和沉香木镶嵌、拼贴、雕造而成的宝座、御案、香几等，造型挺秀、花纹细腻，是当时家具

香几 古代承放香炉用的家具，因置香炉而得名，一般家具多作方形或长方形，香几则大多为圆形，较高，而且腿足弯曲较夸张，且多三弯脚，足下有“托泥”。香几不论在室内或室外，多居中设置，无依无傍，面面宜人观赏。香几在清代以前十分流行，焚香本是我国古人祭祀仪式之一，到唐宋，已演变成人们日常生活中的一部分。

中的精品。

在玉澜堂北侧为宜芸馆，意为宜于藏书和读书的地方。宜芸馆正殿由前5间和后3间组成，前后有门，室内宽敞，有精美的落地雕花隔扇，布局典雅富丽。东西配殿各有5间，也都有前后门，院内的南墙上，镶有乾隆摹写的“三希堂”书法石刻。

隔扇 也称格扇、长窗，是用木做成的柱与柱之间的隔断窗，周围有框架，中间划分为花心、绦环板、裙板等5道，可透光通气。根据建筑物开间的尺寸不同，每间可安装4扇、6扇或8扇隔扇。

乐寿堂也是乾隆皇帝为了孝敬他的母亲而下旨特建的。乐寿堂原为两层建筑，后来重建之后，成为西太后慈禧的寝宫。

乐寿堂庭院内陈列着铜鹿、铜鹤和铜花瓶，取意为“六合太平”。院内所植的花卉有玉兰、海棠、牡丹等，名花满院，寓“玉堂富贵”之意。

这里的玉兰花很有名，邀月门前的那棵相传是乾隆皇帝下诏从南方移植过来的。

乐寿堂仿长春园淳化轩的规制，在南北庭院的东西廊壁上嵌有敬胜斋帖的石刻，为乾隆皇帝退位之后的寝宫，并御题有“座右图书娱画景”的联句，所以

■北京颐和园乐寿堂

北京颐和园夕佳楼

乐寿堂也被称为宁寿宫读书堂。

乐寿堂按照故宫乐寿堂的原状陈列，乐寿堂面阔7间，进深3间，为单檐歇山顶，上覆有黄色的琉璃瓦，自地面至正脊高18米，柱网结构为减柱造，上方没有承重的梁枋构架。

乐寿堂明间前后檐为五抹步步锦隔扇4扇，余各间均为槛窗，槛窗分为3层，下为玻璃窗，上面两层步步锦支窗，室内明、次间以东西向阁道分隔成南北两厅，中间一厅为起居室，西套间为寝宫，东套间为更衣室。

起居室内，用名贵木材紫檀雕制的相当精致的“御案宝座”，设置在室内中间，在其后有玻璃屏风，将室内照得格外宽敞。

玻璃屏风的两侧还插列有孔雀羽毛掌扇，这对羽毛掌扇，不仅相当精致，而且能点缀出西太后慈

陶渊明（约365年～427年），字元亮，号五柳先生，私谥靖节，东晋末期南朝宋初期诗人、文学家、辞赋家、散文家。东晋浔阳柴桑人，曾做过几年小官，后辞官回家，从此隐居，田园生活是陶渊明诗的主要题材，相关作品有《饮酒》《归园田居》《桃花源记》《五柳先生传》和《归去来兮辞》等。

禧的威仪。

在御案宝座的两端，还有盛果子用的一对青花大果盘，每一盘能堆放四五百只各色水果。这是专供闻“味儿”的。

在起居室的四角，还配置有4只镀金九桃大铜炉，专供点燃檀香调节室内空气的。在中间还有两张八仙鱼桌，制作得相当讲究，桌面为两层玻璃结构。其下，为方形鱼槽，可放养金鱼。美丽的金鱼穿游在亭台楼阁之间，从而得到美的享受。

夕佳楼是一座二层小楼，建在昆明湖的东岸。南有玉澜堂，北有宜芸馆，是帝后们夏天纳凉和观景的最佳处所。夕佳楼根据东晋时期著名的诗人陶渊明饮酒诗中的“山气日夕佳，飞鸟相与还”的诗句演化而来。

登上夕佳楼的楼台，视野顿时开阔，远处的西山群峰，玉峰宝塔，近处的万寿山楼阁以及浩渺的湖面，尽收眼底，好不惬意。

阅读链接

在瓮山的半山腰里，有一座财神庙，庙里供奉的是财神爷赵公元帅，每年农历四月十五这天都会显灵，周济一户穷人。一些财主和大官们听说之后，一到四月十五这天，就开始穿上破衣烂衫，假装穷人，想让赵公元帅度化他。

王有财就是其中的一个，财神爷知道后，就想教训这个贪财的人。于是，财神爷托梦告诉王有财：同村的大老李家的屋子下面埋有一个小瓮，里面盛满了金光闪闪的金豆子。

王有财醒后，抢占了大老李家的房子。可是当他挖出那个小瓮的时候，并没有发现金豆子，反而窜出了几条毒蛇，将他咬死了。后来，大老李又搬回来，在重新盖房时挖出了一个鬼脸青的小瓮，里面盛满了金豆子。

因为这一瓮金豆，是从山坡上松树底下挖出来的，这座山后来就叫作“瓮山”了。

祖师显灵帮助建造清漪园

相传，在清漪园建造的过程中，乾隆皇帝经常亲自前来巡视督工。有一天，乾隆皇帝站在佛香阁上瞭望四周的美景，但是看着山下的昆明湖，总觉得太空旷。于是下令在湖中建造了南湖岛，并用桥将南湖岛与东岸相连接。

昆明湖景色

颐和园绣漪桥

昆明湖习惯上按位置分为南湖与西湖两个部分，而该岛因在南湖里称为南湖岛。它与西堤外湖中的镜治阁和藻鉴堂两个小岛一起，用来象征神话传说中海上的蓬莱、方丈、瀛洲3座仙岛。南湖岛也叫“蓬莱岛”，一直都是帝后们赏月和观看水师表演的地方。

整个南湖岛呈圆形，岛上建有龙王庙、鉴远堂、澹会轩、月波楼、云香阁等，均为毁后重建。南湖岛北部是用山石叠成的假山。假山上建有望蟾阁和岚翠间，为岛中的主体建筑。

望蟾阁是一座两卷殿，南面有露台，绕以石造雕栏。岛东南处有著名的十七孔桥相连东堤接壤湖岸，它四面环水，环岛用巨石砌成泊岸，并用青白石雕栏围护，视野广阔，八方佳景，一览无余。

在修十七孔桥的时候，特意请来了许多能工巧匠。那晶莹洁白的汉白玉，是石匠们一斧一凿从房山的大石窝开采的，流着汗水一步一步把它运来的。

有一天，修桥工地来了一个七八十岁的老头儿，

蟾 即蟾蜍，在我国古神话中认为月亮中有蟾蜍，故称月为蟾，并以蟾宫指月宫，寓意长寿。此外，蟾蜍被赋予了避兵器的功能。同时，蟾蜍还寓意财源兴盛，生活幸福美好。民间也有“刘海戏金蟾”的传统寓意，认为得之可致富。

头发长的过耳根，脸上的土有一个铜子儿厚。他背着工具箱子，一边走一边吆喝："谁买龙门石，谁买龙门石啊！"

工地上的人看他那肮脏劲儿，都以为他是疯子，谁也没搭理他。

老头在工地上转悠了3天，也吆喝了3天，但还是没有人理他。于是老头背着工具箱子离开了工地，往东走到六郎庄一棵大槐树底下，坐在大槐树底下不走了。

老头夜里就睡在树底下，每天鸡叫头遍起身，抡起铁锤，叮叮当当凿那块龙门石。

一天傍黑儿，下起了瓢泼大雨，风吹雨潲迷得老头睁不开眼睛。他双手抱头，蹲在树底下背雨。正好，村西住的王大爷打这儿路过，见那个老头畏畏缩缩的样子，挺心疼，就让他搬到自个儿家里来住。

老头搬到王大爷家以后，不仅有房子住，而且还管饭吃。他整整住了一年，也叮叮当当一天不停地凿了一年龙门石。

一天早晨，他对王大爷说："今天我要走了，我吃你的饭，住你的房，你的恩情我一辈子也忘不了。我也没有什么报答的，就把这块石头留给你吧！"

王大爷瞅了瞅汉白玉的龙门石，对老头说："你也别说报答不报

颐和园玉带桥雪景

答。为这块石头，你劳累了一年，还是你带走吧！我要它也没用。”

老头说：“我这块石头，真要到节骨眼上，花100两银子还买不到呢！”说完，背起工具箱，顺着大道往南去了。

很快，修建十七孔桥的工程快完工了，乾隆皇帝还准备亲自前来“贺龙门”呢！没想到，桥顶正中间最后的那块石头，却怎么也凿不好、砌不上。

这可急坏了工程总监。这时候，有人想起了那个卖龙门石的老头，总监开始派人四面八方地去寻找他。

工程总监打听到那个老头曾在六郎庄住过，就亲自来到王大爷家。他一眼就看到窗底下那块龙门石，忙蹲下来量了量尺寸，结果是长短薄厚一分不差，就好像专为修桥琢磨的一样。

总监高兴得合不拢嘴，对王大爷说：“这是天上下来神人专为修桥凿的，可救了我的急啦！你张口吧，要多少银子我就支付多少。”

王大爷说：“你也别多给，那老头在我家吃住了一年，你就给我一年的饭钱吧！”

总监立马留下100两银子，就把龙门石运走了。还别说，这块龙门

十七孔桥石狮子

石砌在十七孔桥上，不偏不斜，严丝合缝，竟然把龙门合上了！

那些石匠和瓦匠们，人人都吐了一口气，总算把石桥修成了呀！要不然，皇上怪罪下来，还有大伙的活路吗？

正当大伙高兴的时候，有个老石匠忽然醒悟过来，对大伙说："诸位师傅现在该明白了吧，这是鲁班爷下凡，帮咱们修桥来啦！"人们这才恍然大悟，原来是祖师鲁班拯救了他们啊！

十七孔桥坐落在昆明湖上，飞跨于东堤和南湖岛之间，用以连接堤岛，为园中最大的石桥。

石桥宽8米，长150米，由17个桥洞组成。石桥两边栏杆上雕有大小不同、形态各异的石狮500多只。十七孔桥不但是前往南湖岛的唯一通道，而且是湖区的一个重要景点。

祖师 原指佛教、道教中创立宗派的人，又指创立某种学说或创造某种技艺而为众师法的人，同时也用于帮会的创始人。行业祖师崇拜是民间文化的一个分支，过去各行业都很重视，视其为本行业的保护神。

造型优美的十七孔桥，将昆明湖的水面分出层次，千顷碧波尽收眼底的空旷观感，因此桥的点缀，将空旷的孤寂感消弭无踪，这些都是造园设计者能工巧匠的神来之笔。

石桥两侧的栏杆上，雕刻有大小不同、形态各异的石狮544只。比起北京石狮子较多的卢沟桥，还多59只。

从全园来看，南湖岛与万寿山佛香阁的位置在对景手法上呈一宾一主之姿。而西堤之外无限深远，借用园外西山淡抹的自然风光，给人开阔之感，确是景无边，意不尽。

十七孔桥上所有的匾联，都是乾隆皇帝撰写的。在桥的南端横联上刻有“修虫柬凌波”5个字，形容十七孔桥如同一道彩虹，飞架于昆明湖碧波之上。

桥的北端横联则有“灵鼍偃月”几个大字，又把

鲁班 （前507年～前444年），姓公输，名般。春秋战国时期鲁国人，出身在一个世代工匠的家庭，在父兄的影响下，逐渐掌握了生产劳动的技能，积累了丰富的实践经验。鲁班是我国古代杰出的发明家，被我国的土木工匠们尊称为祖师。

十七孔桥神兽

颐和园镇水铜牛

十七孔桥比喻成水中神兽，横卧水中如半月状。桥北端的另一副对联写着：

虹卧石梁岸引长风吹不断；
波回兰桨影翻明月照还望。

使得十七孔桥的风景，在优雅宁静之夜游赏更加怡人。但是十七孔桥的桥洞为什么要建17个孔呢？因为桥正中的大孔，从桥两端数来正好是“9”，而“9”被称为极阳数，是封建帝王最喜欢的吉利数字，所以将桥建成17个孔。

在桥东有一尊镇水铜牛，镇水铜牛位于昆明湖的东堤，卧伏在雕花石座上，以神态生动、形似真牛而著称，1755年用铜铸成，称为“金牛”。据传是为镇压水患而铸。牛背上还铸有由乾隆帝撰写的80字篆体

吻兽 龙生九子之一，平生好吞。常用殿脊的兽头之形。这个装饰一直沿用下来。在古代建筑中，“五脊六兽”只有官家才能拥有。这种泥土烧制而成的小兽，被请到皇宫、庙宇和达官显贵的屋顶上，俯视人间，真有点“平步青云”和“一人得道，鸡犬升天”的意味。

铭文《金牛铭》。铭文为：

夏禹治河，铁牛传诵。义重安澜，后人景从。制寓刚戊，象取厚坤。蛟龙远避，讵数鼍鼋。此昆明，潴流万顷。金写神牛，用镇悠永。巴邱淮水，共贯同条，人称汉武，我慕唐尧。瑞应之符，逮于西海。敬兹降祥，乾隆乙亥。

篆体 汉字古代书体之一，是大篆、小篆的统称。广义包括隶书以前的所有书体以及延属，如甲骨文、金文、石鼓文等。狭义主要指大篆和小篆。篆书字画圆转，结构依六书之义。

后来，又在万寿山上增建了宝云阁，宝云阁的外观似一座四方亭子，全部用铜铸成，又称“金殿”。

宝云阁通高7.55米，重207吨。外形仿照木结构建筑的样式，重檐歇山顶。殿构件柱、梁、椽、瓦、脊吻兽，连匾额等都像木结构。通体呈蟹青冷古铜色，坐落在一个汉白玉雕砌的须弥座上。

颐和园宝云阁

颐和园雪景

在这稀世铜阁的内壁上，镌刻着4个人的名字：杨国柱、张成、韩忠和高永固，可能是此铜阁的铸造人，这个铜阁是采用失蜡法熔模铸造的，这种铸造法是我国古代三大铸造技术之一。

铜阁建成后，乾隆皇帝在阁前的牌坊上，书写了“侧峰横岭圣来参”的诗句。在此后的清朝统治时期，西藏僧人到达北京，都会来这里念经祈祷，举行参拜仪式。阁后石壁上高约10米的周边莲框，就是诵经时悬挂佛像用的。

就这样，直到1764年才建成了清漪园，共耗银480余万两。清漪园建成后，乾隆曾多次到园林里游玩，并留下了许多描写昆明湖的诗。

乾隆在昆明湖泛舟的诗中写道：

何处燕山最畅情，无双风月数昆明。
侵肌水色夏无暑，快意天容雨正晴。

军机房 清代官署名。也称“军机处”“总理处”。是清朝中后期的中枢权力机关。1729年，因用兵西北，以内阁在太和门外，恐泄露机密，始于隆宗门内设置军机房，选内阁中谨密者入值缮写，以为处理紧急军务之用，辅佐皇帝处理政务。1732年改称“办理军机处”，简称“军机处”。设军机大臣、军机章京等，均为兼职。

倒影山当波底见，分流稻接垸边生。
披襟清永饶真乐，不藉仙踪问石鲸。

在诗中，乾隆认为昆明湖的风光应当是燕山一带风光之首。在这位皇帝的眼里，清漪园昆明湖的风光，已经如同仙境，可见乾隆对昆明湖的喜爱。

但是，由于清漪园园中理政及居住性质的建筑极少，所以乾隆帝游览清漪园都是在当日往返，从未在园中居住过。

直到嘉庆和道光两朝，清漪园仍保持乾隆时期的规模、内容和格局，只有极个别的建筑物的增损和易名。例如在嘉庆年间，改惠山园之名为"谐趣园"并加建"涵远堂"，霁清轩内加建"军机房"，拆除"乐安和"，拆除南湖岛上的"望蟾阁"改建为"涵虚堂"。

道光年间又平毁凤凰墩上的"会波楼"及配殿，为节约宫廷开支曾一度撤去各殿宇内的陈设和铺垫等。

阅读链接

鲁班的传说有很多，但是相传慈禧每次到颐和园听骊馆听戏，总觉得不过瘾，于是下令修建一座大戏台，要求戏台建成人间、天堂、地狱3个境界，即"神仙要能从天而降，小鬼要能从地狱里钻出来"。

一天，鲁班爷变成一个卖烧饼的老头来到工地上，叫卖的烧饼显得很特别。里外3层，两边微翘，中间有几个窟窿，还特意多放了盐。鲁班爷嘴里直嘟囔，3层，留洞，放盐。

鲁班爷走了以后，有个聪明的工匠醒悟过来，这是鲁班爷下凡指点迷津啊！于是马上照着3层、留洞、放檐的提示，修出了后来的德和园大戏楼。建成后的德和园大戏楼共分3层，上称福台、中称禄台、下称寿台，可同时演戏。

慈禧时期竭力修复补救

1860年，清漪园被付之一炬。1873年，载淳亲政，年号为同治，以奉养东、西宫太后为名，下令重修圆明园。清漪园内残存的部分建筑物被拆卸，将其旧料充作圆明园重建殿宇之用。但工程进行不久，

颐和园仁寿殿

颐和园仁寿门

终因国库空虚，统治集团内部意见分歧而不得不于次年停止。

1875年，光绪皇帝载湉继位，起初由慈安和慈禧两宫太后垂帘听政，慈安崩逝后由慈禧太后一宫独裁。后来，光绪将清漪园勤政殿改为仁寿殿，取《论语》中“仁者寿”之意。

仁寿殿成为慈禧太后和光绪皇帝在颐和园居住时朝会大臣、接见外国使节的地方，是当时主要的政治活动场所。

慈禧太后垂帘听政之后，筹备修复清漪园，开始园林的修复工程。1888年，载湉颁布上谕：

万寿山大报恩延寿寺为高宗纯皇帝侍奉孝圣宪皇后三次祝之嘏所，敬踵前规，尤征祥洽。

慈安（1837年～1881年），孝贞显皇后，钮祜禄氏。1861年，咸丰帝驾崩后，与孝钦显皇后两宫并尊，称母后皇太后，又称东太后，上徽号曰慈安皇太后。后联同慈禧太后、恭亲王发动辛酉政变，诛除八大臣。同治帝登基后，首度垂帘听政，训政20年，两度垂帘。1881年崩逝于钟粹宫。

颐和园大戏楼

其清漪园旧名，谨拟改为颐和园，殿宇一切亦量加葺治，以备慈舆临幸。

恭逢大庆之年，朕躬率群臣同申祝悃，稍尽区区尊养微忱。

承德避暑山庄

我国古代帝王宫苑，清代皇帝避暑和处理政务的场所。位于河北省承德市市区北部。始建于1703年，历经清康熙、雍正、乾隆三朝，耗时89年建成。其拥有殿、堂、楼、馆、亭、榭、阁、轩、斋、寺等建筑100百余处。是我国三大古建筑群之一，它的最大特色是山中有园，园中有山。

“清漪园”这个名字，从1750年的乾隆皇帝开始，一直延续了整整138年。又以“颐和园”的名字而载入我国近代历史的史册。

乾隆兴建清漪园的时候，正值 “乾隆盛世”，建园工程有足够的财力和物力支持。到慈禧太后重建颐和园，情况就完全不同了。

经过两次鸦片战争，清王朝国库再也拿不出整笔的款项来修造规模宏大的园苑了。但是为了建园，慈禧太后想方设法寻找经费。

据内务府在1887年开列的《万寿山已修未修齐工程清单》的记载，这一年园内已竣工的建筑物共计24

处，约占颐和园全部建筑的1/3。

1891年，慈禧又耗资71万两白银，历时4年建造了一处听戏的场所，名为德和园。当年，这里与紫禁城里的畅音阁、承德避暑山庄的清音阁并称清宫三大戏台，但以它为最大，且建筑精美，气势宏伟。

德和园大戏楼有3层，高达21米。底层的戏台宽17米，戏台的顶板有天井，台底设地井，可以按照需要，演员由天井下降，或由地井钻出。戏台二层设有绞车架，准备机关布景使用。戏台下面有水井，演出需要时，台上可喷出水泉。

大戏楼上层匾额为“庆演昌辰”，意思是良辰吉日为祝寿而演出。中层匾额是“承平豫泰”，意为太平盛世之际，以音乐歌颂功德。下层匾额是：“欢胪荣曝”，意为欢乐的演出、光荣的献艺。

1894年，慈禧太后60岁，为了赶在生日这天之前

畅音阁 为清宫内廷演戏楼，全称为故宫宁寿宫畅音阁大戏楼，位于故宫博物院内养性殿东侧，宁寿宫后区东路南端，座南面北，建筑宏丽。1772年始建，1776年建成。在我国古代，看戏是皇宫中的主要娱乐。每逢各种节日，如元旦、立春、端午、七夕、中秋、重阳、冬至、除夕以及皇帝登极、帝后生日等重大庆典，都要在宫中看戏。

颐和园玉带桥

全部完成颐和园修建工程，以便举行庆典活动，慈禧太后对工程的进度抓得更紧了。她命主管官员每隔5天向她呈交一次书面汇报。

慈禧太后一直非常重视颐和园的修建，原来打算全面恢复清漪园时期的规模，并曾命样式房绘制有关的规划设计图纸。但在建设过程中由于经费筹措困难，材料供应不足，不得不一再收缩。

最后，工程完全放弃了后山、后湖和昆明湖西岸，而集中经营前山、宫廷区、西堤、南湖岛，并在昆明湖沿岸加筑宫墙。

按宫墙以内计算，颐和园占地面积为290万平方米，比清漪园略小一些。建园工程前后历时8年。恢复、改建、新建以及个别残存的建筑物和建筑群组共97处。

颐和园终于建成了。建成后，慈禧太后几乎每年的大部分时间都住在园内。一般是正月就带着载湉来到颐和园，直到农历十一月才返回紫禁城。

在此期间，慈禧太后在园内处理政务、举行典仪，因而园林的性质已经改变为离宫御苑了，成了与紫禁城相联系的政治中心。

阅读链接

据清宫记载，从德和园建成之后到慈禧死亡的13年间，仅前11个年头，她在这里看戏的次数就达到了262天次，最多一年中看40天次。她每次来园的第二天必来看戏。直到她死前的35天也还在这里看戏。

这座戏楼没有一般的观众席，慈禧在戏台对面的颐乐殿里由后妃、公主和福晋等陪同看戏，光绪只能坐在廊上陪看，东西两廊原来不设门窗，是赏王公大臣看戏的地方。

建成后的德和园大戏楼共分3层，上称福台、中称禄台、下称寿台，可同时演戏。